Au-Delà De L'Autonomisation

Au-Delà De L'Autonomisation

L'ère de l'organisation autogérée

DOUG KIRKPATRICK

ISBN: 978-1-64184-977-7 (Paperback)

DOUG KIRKPATRICK est PDG et président de D'Artagnan Advisors, LLC, et cofondateur de Vibrancy, qui fournit des services de conseil en organisation à des clients du monde entier. Il vit en Californie du Nord.

CONTENU

REMERCIEMENTS

Ce livre reflète la sagesse et la perspicacité de plusieurs personnes très importantes. Avant tout, je tiens à remercier Chris J. Rufer, entrepreneur extraordinaire et fondateur de The Morning Star Company, pour m'avoir enseigné, par la parole et l'exemple, pratiquement tout ce que je sais sur les entreprises et les organisations. La passion et l'articulation inlassable des principes fondamentaux qu'il a exprimés au cours des vingt dernières années ont inspiré et nourri ce livre. Il n'existerait pas sans lui.

Paul Green, Jr, mon ami et collègue du Morning Star Self-Management Institute, a relu le manuscrit et a fourni des suggestions d'amélioration réfléchies et constructives. Son aide a été, comme toujours, inestimable.

Je remercie les personnes qui ont donné librement de leur temps précieux pour enseigner les secrets de leurs organisations respectives : Joyce Bowlsbey de W. L. Gore and Associates, Inc, Jim Coblin de Nucor, Carol Kizziah de Delancey Street Foundation, Scott Heiferman de Meetup.com et Leighton Gao de Haier.

Roger Burlton, du Process Renewal Group, est un fervent défenseur de la gestion supérieure des processus d'entreprise et m'a aidé à comprendre le lien entre l'excellence des processus et l'autogestion efficace. Dennis Rohan, Ph.D., mon coach exécutif personnel et mon mentor depuis près de trente ans, m'a inculqué une profonde appréciation de la valeur du coaching. William Bergquist, Ph.D., mon professeur de coaching exécutif, m'a permis de mieux comprendre l'interaction entre la psychologie et le travail. Mon coach de débat au lycée, Susan Rowberry Davis, m'a appris à prendre des notes et à prendre la parole devant des gens, ce dont je lui serai toujours reconnaissant. Mes éditrices, Heather Kirkpatrick et Arielle Dodd, sont d'excellentes rédactrices qui ont fait toute la différence.

Enfin, je souhaite remercier mes amis et collègues de la Morning Star Company (et de ses filiales), passés et présents, pour avoir fait preuve d'autogestion chaque jour au travail. Ce sont de véritables pionniers.

Chapitre Un
RÉFLEXIONS

T odd Brookstone plissa les yeux sous le soleil printanier et but longuement dans sa gourde. Il était venu sur cette colline surplombant la rivière Santiam pour un week-end de VTT et d'introspection. Cet entrepreneur de trente-deux ans avait beaucoup de choses à l'esprit alors qu'il envisageait la stratégie future de son entreprise, même s'il réfléchissait aux hauts et aux bas de ces quatre dernières années, qui avaient été pour la plupart couronnées de succès.

Assis à côté de son vélo de montagne, il réfléchissait à l'un des deux chemins à prendre à la bifurcation du sentier sur lequel il se trouvait, et se souvenait avec fierté de la start-up qu'il avait créée avec succès quatre ans auparavant.

Au milieu de l'année 2003, armé d'un peu plus que d'enthousiasme, d'un plan d'affaires détaillé et de modèles financiers impressionnants, Todd avait convaincu un groupe de partenaires d'investir dans sa jeune entreprise alimentaire de Willamette Valley, BerryWay. Des années d'observation et d'étude après l'université l'avaient convaincu que les nouvelles technologies, les nouvelles configurations d'équipement et les produits et emballages innovants pouvaient lui permettre de se tailler une place sur le marché des aliments transformés. Ainsi, à l'âge de 28 ans, il était prêt à réaliser ses rêves.

Après avoir trouvé ses nouveaux partenaires, il s'était mis au travail pour identifier et engager des partenaires de marketing et de distribution, trouver des fournisseurs de baies fraîches, créer une organisation de vente et embaucher du personnel d'exploitation. Il leur fallait assembler l'équipement, établir des systèmes de contrôle de la qualité et mettre en place des processus administratifs et financiers. Bien qu'il s'agissait d'un défi extraordinaire, Todd trouvait ce travail stimulant et enthousiaste. Il s'épanouissait dans les défis et les opportunités quotidiens. Les semaines de quatre-vingts heures étaient devenues la norme alors qu'il s'efforçait de mettre sa nouvelle usine en service.

Le mentor de Todd, Sean Baker, avait guidé le jeune visionnaire pendant la majeure partie de la phase de démarrage. Président de l'un des fournisseurs d'équipement que Todd avait amené comme partenaire, Sean avait immédiatement perçu les promesses de Todd et apprécié la sophistication de ses modèles financiers. Il n'y avait aucun scénario commercial évident que Todd n'avait pas déjà modélisé afin de jouer à des jeux de simulation avec des résultats potentiels bons ou mauvais. Todd avait manifestement pris en compte tous les facteurs de risque imaginables. Les modèles, ainsi que la personnalité gagnante de Todd, avaient convaincu Sean d'investir dans la nouvelle entreprise. Sean appréciait également le sérieux de Todd en matière de gestion, ce qui le rassurait sur le fait que Todd gérerait avec beaucoup de soin l'investissement de 50 millions de dollars qu'il lui avait confié.

Sean avait également mis Todd en contact avec les banquiers nécessaires au financement de l'opération, en particulier Steve Cameron, qui s'occupait des prêts commerciaux pour la branche locale de sa banque nationale. Steve était banquier depuis environ vingt-cinq ans et avait vu sa part de propositions commerciales, bonnes et mauvaises. Lors de leur première rencontre, Steve avait été immédiatement impressionné par le jeune homme et par l'énergie avec laquelle il vendait ses idées. Avec l'aide du mentorat continu de Sean, Todd avait convaincu Steve de devenir la banque principale de son projet, offrant des prêts à la construction et une ligne de crédit totalisant près de 100 millions de dollars.

Une fois les partenaires et le financement en place, Todd avait commencé à concevoir sa nouvelle usine, en travaillant d'abord chez lui avec son propre programme de CAO sur PC, puis en apportant ses dessins aux fournisseurs d'équipement pour qu'ils donnent leur avis. Il avait la sagesse de trouver d'autres hommes dans la communauté de l'ingénierie et de l'équipement, qui l'ont instruit sur les nuances de l'installation et de l'utilisation de leurs machines pour un rendement maximum. En quelques mois, il avait terminé ses dessins conceptuels et était prêt à obtenir les plans définitifs de génie civil, les schémas de tuyauterie et d'instrumentation, ainsi que les terrains et les permis nécessaires. Armé des dessins, Todd avait trouvé une société d'ingénierie expérimentée pour réaliser les plans et une entreprise de construction respectée pour effectuer l'installation.

Après une brève recherche, l'un des amis de Todd était tombé par hasard sur un terrain de la Willamette Valley qui serait parfait pour une nouvelle usine alimentaire. Le site offrait des infrastructures et était idéalement situé dans une zone rurale, loin des propriétaires qui pourraient s'opposer à la présence d'une usine bruyante dans leur jardin. Todd avait immédiatement reconnu le potentiel de l'emplacement et a entrepris de l'acquérir. En un mois, il avait conclu l'achat et entamé la procédure d'obtention du permis. Le terrain ayant déjà le zonage industriel approprié, il n'y avait aucune raison de penser qu'il y aurait des problèmes à ce niveau.

Todd avait besoin de producteurs fiables pour les ingrédients frais nécessaires à ses recettes de sirops, confitures, gelées et garnitures. Ils s'étaient empressés de signer avec Todd des contrats d'approvisionnement pluriannuels qui leur permettaient de ne plus avoir à se demander ce qu'ils devaient cultiver, en quelle quantité et pour qui, ce qui leur permettait de se concentrer chaque année sur ce qu'ils faisaient le mieux, c'est-à-dire cultiver, et moins sur les volumes à récolter à chaque saison.

Nous étions au début du mois de septembre 2003. Si Todd voulait que la nouvelle usine soit opérationnelle en juillet 2004, il était impératif que les contrats de culture de fruits soient signés avant la fin du mois de janvier. L'horloge du projet tournait inexorablement vers le succès ou l'échec.

En ce qui concernait les ventes, Todd avait commencé à travailler avec de grandes entreprises de commercialisation de produits alimentaires pour conclure des accords d'approvisionnement à long terme et avantageux pour tous. Sa stratégie était simple : créer d'excellents produits, être le producteur à faible coût et exceller en marketing. Il estimait que même si les contrats d'approvisionnement à long terme n'étaient pas aussi rentables que les accords à court terme, tant que ses coûts étaient couverts, il pouvait garantir un bénéfice à la banque et à ses partenaires et utiliser tout excédent d'approvisionnement pour tenter de réaliser des bénéfices supplémentaires sur le marché libre.

Sandra Albertson, vice-présidente des opérations chez Synergy Foods, un grand distributeur, représentait un client à long terme. Todd et Sandra avaient négocié un accord à long terme qui répondait à la fois au besoin de Todd d'un profit à long terme et au besoin de Sandra d'un approvisionnement à long terme à un prix raisonnable. Comme avec ses fournisseurs, Todd avait pu apprendre beaucoup de la profonde expérience de Sandra dans l'industrie alimentaire pour comprendre les moteurs commerciaux de la commercialisation des aliments provenant de la Willamette Valley sur un marché mondial. Sandra avait apprécié d'être le mentor du jeune leader et savait que cela ne pouvait qu'aider sa propre entreprise si Todd faisait un excellent travail dans la sienne. L'accord de vente à long terme de Todd avait eu pour effet de rassurer ses bailleurs de fonds, en particulier Steve Cameron.

Avec ses partenaires, ses banquiers, ses cultivateurs, ses fournisseurs d'équipement, ses ingénieurs, ses installateurs, ses clients à long terme et son terrain en place, ainsi que ses permis en cours d'obtention, Todd était prêt à entrer dans la phase suivante, la plus difficile, de la gestion d'une entreprise : le recrutement et la gestion des employés.

Il n'avait aucune idée précise de la façon dont il devait organiser son usine sur le plan humain, mais il savait qu'il avait besoin de talents dans divers domaines pour accomplir sa mission, à savoir fournir aux clients des produits à base de baies fraîches et savoureuses au coût le plus bas possible. Les factures de la société d'ingénierie et du service d'urbanisme du comté commençaient à arriver, et la construction proprement dite était imminente. Il était devenu impératif de mettre en place une structure administrative pour gérer les entrées et les sorties d'argent de l'organisation, suivre les permis et se préparer à faire le reste des embauches nécessaires pour démarrer l'opération.

L'un des amis de Todd lui avait suggéré de mettre en place un conseil consultatif composé de mentors de confiance qui le conseilleraient de manière informelle sur les questions cruciales. N'étant jamais du genre à refuser une bonne idée, Todd avait demandé à son principal mentor, Sean, ainsi qu'à Bill Burke, le concepteur du principal équipement de fabrication de baies de Todd, et à Sandra de Synergy, d'agir en tant que comité consultatif informel. Ils avaient tous accepté avec enthousiasme, attirés par la personnalité attachante de Todd ainsi que par la possibilité de faire partie de la plus grande entreprise de fabrication de la région depuis au moins quinze ans. Todd n'avait pas le pouvoir d'arrêter les rumeurs, même s'il l'avait voulu, mais les espoirs de la communauté lui avaient insufflé un sens de l'objectif et un fort désir de ne pas les décevoir.

Todd avait réuni son conseil consultatif un mardi matin dans le bureau de Sean et avait exposé ses préoccupations :

— J'ai besoin d'un contrôleur financier qui s'occupe des factures, qui tire des fonds de nos prêts à la construction et qui s'occupe de toutes les tâches financières de haut niveau, comme la budgétisation et la comptabilité, a-t-il commencé. Ensuite, j'ai besoin d'un directeur de la production, d'un directeur du contrôle de la qualité et d'un directeur de l'acquisition des produits bruts. Je serai le directeur général pour l'instant. Comment suis-je censé m'occuper de tout cela, n'ayant jamais fait cela auparavant ?

Sean avait souri avec sympathie à Todd et lui avait dit : — J'ai un bon comptable qui vient de terminer un projet pour moi et qui a une certaine capacité de charge de travail libre. Pourquoi ne pas lui parler et voir si tu penses qu'elle peut gérer la charge de travail. Si elle te convient, je te laisserai l'embaucher si elle est intéressée, à condition que tu la fasses commencer au même salaire qu'en ce moment.

Sandra et Bill s'étaient dit que c'était tout à fait logique, étant donné l'approbation de Sean :

— Tu pourrais passer en mode recrutement et essayer d'embaucher le meilleur candidat disponible sur le marché du travail, dit Sandra, mais ton besoin immédiat est de trouver quelqu'un pour gérer les entrées et sorties d'argent de ta société et de te préparer à être pleinement opérationnel. en ce moment. Si la personne suggérée par Sean ne fonctionne pas, je suppose que Sean peut la réembaucher puisqu'il est déjà satisfait de son travail. N'est-ce pas, Sean ?

Sean avait fait un signe de tête affirmatif.

Bill avait ajouté :

— Si vous parlez de Deborah Moore, elle a effectué un stage chez nous lorsqu'elle était à l'université. On ne peut pas demander une meilleure éthique de travail combinée à une personnalité et une intelligence.

En pensant aux piles de factures sur son bureau qui attendaient d'être payées et au nombre de tâches qui l'attendaient le lendemain, Todd avait hoché la tête et souri :

— Merci beaucoup, les gars. Sean, si tu peux demander à Deborah de m'appeler, j'aimerais la rencontrer dès que possible. Maintenant, j'ai un autre problème. J'ai besoin de quelques talents supplémentaires pour la production, l'acquisition, le contrôle qualité et le marketing. Pourriez-vous vous rencontrer sans moi et mettre au point un plan d'action sur la façon d'obtenir le talent dont nous aurons besoin pour gérer cette entreprise ? Si Deborah fonctionne, mon problème immédiat est résolu, mais nous allons avoir besoin d'encore plus de talents dans un avenir proche pour que cette entreprise réussisse. Je dois y aller maintenant. Pouvez-vous tous les trois poursuivre cette réunion et me faire des suggestions d'ici mercredi prochain ?

Sean, Sandra et Bill avaient souri et hoché la tête, appréciant le sérieux de leur ami énergique. Bill avait ajouté :

— Tu ferais mieux de retourner au travail, Todd. Il y a une usine en construction à la périphérie de la ville, tu sais.

Todd était parti en faisant un signe de la main et en riant, en pensant aux autres personnes dont il aurait besoin pour réussir.

Deux jours plus tard, Todd avait rencontré Deborah au bureau de Sean et l'avait interrogée, décrivant en détail ses attentes pour le poste de contrôleur financier ainsi que ses besoins immédiats et urgents.

Après une conversation approfondie de deux heures, Todd était convaincu que Deborah ferait un excellent travail ; elle était enthousiaste à l'idée de cette opportunité et reconnaissante d'être considérée :

— Je peux commencer lundi ?

Avec un sourire, Todd avait déclaré :

— Absolument ! Je vais appeler Sean.

Todd avait demandé à Sean de venir pour qu'il puisse lui annoncer la bonne nouvelle en personne. Sean avait offert un espace temporaire à son employée et à son nouveau patron. Une tâche de plus étant accomplie, Todd avait commencé à se préparer aux défis encore plus grands qui l'attendaient.

Une semaine plus tard, le conseil consultatif s'était réuni avec Todd pour discuter des prochaines étapes. Deborah avait déjà pris la pile de factures de construction, rédigé des chèques à partir du chéquier de Todd et les avait préparés pour signature. Elle s'était également penchée sur le budget de construction, avait examiné les accords bancaires, rencontré Steve Cameron pour discuter des procédures de financement et créé un système de classement temporaire. Todd n'aurait pas pu être plus heureux de la charge de travail dont elle le déchargeait déjà.

— Ok, le conseil, que dois-je faire ensuite ? avait demandé Todd en plaisantant.

Les membres du conseil étaient bien conscients que Todd avait déjà beaucoup réfléchi à la question du recrutement, mais il était impatient d'entendre leurs conseils avant d'aller plus loin.

— Voici ce que nous avons trouvé, Todd, avait commencé Bill. Il est clair que tu as besoin de talents de premier ordre dans chacun des créneaux horaires identifiés. Tu ne peux pas réussir si tu n'as pas les bonnes personnes aux bons postes au bon moment. Le bon moment, c'est quand tu démarres. Voici donc ce que nous proposons. En tant que membres du conseil consultatif, nous prendrons chacun des postes de direction identifiés et nous créerons avec toi un modèle de compétences - c'est-à-dire que nous devons savoir ce qu'une personne occupant chacun de ces postes doit savoir pour bien faire son travail. Nous devrons également savoir quel type de résultats commerciaux spécifiques tu attends de chaque responsable, ce qui te permettra d'évaluer ses performances par la suite.

— Nous n'avons pas eu le temps de le faire dans le cas de Deborah, mais elle a fait ses preuves. La prochaine vague d'embauche fera appel à des personnes que nous ne connaissons pas, ce qui est plus risqué. Nous devons savoir de ta part ce qu'un responsable du contrôle de la qualité doit savoir pour réussir. Ensuite, nous pourrons créer une description de poste, définir une fourchette de salaire et embaucher en fonction de celle-ci. Puisqu'il n'y a pas encore d'interne à recruter, nous devrons faire appel à tous nos collaborateurs. Nous connaissons tous d'excellents recruteurs, ce n'est donc pas un problème. Plus vite nous les mettrons au travail, plus vite nous aurons les talents en place. Tu dois également sonder ton propre réseau personnel, Todd, même si tu es très occupé ces jours-ci. Tu dois mettre à jour tes budgets pour refléter les coûts éventuels de recrutement, qui représentent généralement vingt-cinq pour cent du salaire de la première année. Tu es d'accord avec ce plan ?

— Est-ce que j'ai le choix ? avait répondu Todd avec un sourire douloureux, ajoutant petit à petit les heures requises à son emploi du temps déjà impossible.

— Nous nous répartirons les principales tâches et nous te rencontrerons au moment opportun pour créer les modèles de compétences, les descriptions de poste et les résultats attendus pour chacun de ces postes clés, avait ajouté Sandra. Je prendrai le Responsable du contrôle de la qualité et le Responsable de l'acquisition des produits bruts. Plus vite nous commencerons, plus vite nous aurons les gens en place. Quand veux-tu nous rencontrer ?

— Que dirais-tu de la première heure demain matin ?

Sandra avait accepté d'un signe de tête.

— Je pense qu'il faudra quelques heures d'entretien pour chaque poste, juste pour avoir les bases. Je peux nettoyer le verbiage et rédiger une description de poste plus tard pour te faire gagner du temps. Bill te verra pour discuter du poste de directeur de production, ce qui peut prendre plus de temps car c'est un poste plus important. Sean te verra pour définir le poste de directeur du marketing. Nous nous réunirons à nouveau une fois que nous aurons défini tous les postes clés et avant de commencer à recruter officiellement pour vérifier le travail de chacun et s'assurer que tout semble bon. Ça te va ?

Todd avait souri en appréciant tout ce que ses amis et ses collaborateurs étaient prêts à faire pour lui, tout en connaissant ses contraintes de temps et d'argent.

— C'est parfait. Mais je pense qu'il y a un autre poste que nous devrions envisager. Je vais avoir besoin d'un responsable de la logistique, quelqu'un qui puisse rendre compte de tous les biens qui entrent ou sortent du site, et qui puisse s'assurer que les stocks sont stockés et expédiés à la perfection. L'un d'entre vous peut-il m'aider pour ce poste ?

Sean s'était levé, avait serré la main de Todd et déclaré :

— Je m'en occupe.

Todd avait remercié tous les membres du conseil, leur avait serré la main et était parti, se sentant beaucoup mieux à propos de son projet qu'avant la réunion. C'était une chose de préparer des dessins techniques, d'engager des entrepreneurs, de lire des accords bancaires et même de négocier avec le comté pour les routes et les permis. C'en était une autre de traiter avec les employés. L'ensemble du projet semblait soudain plus vaste que jamais.

Deux semaines plus tard, les réunions des postes individuels se terminaient et Todd rencontrait à nouveau son conseil consultatif.

— Eh bien, c'était beaucoup de travail, avait-il noté. Mais cela en valait la peine, je dirais. Je me sens beaucoup mieux quant au type de personnes que je dois embaucher pour faire partie de l'équipe de direction.

— Super ! avait dit Sean en premier. Maintenant, partageons cette solution de contournement et discutons de ces tâches une par une pour voir si nous n'avons rien oublié.

L'équipe avait passé les deux heures suivantes à passer en revue les postes de gestion un par un, en posant des questions sur les compétences et les attentes. Lorsqu'ils avaient finalement terminé le travail, Bill avait dit :

— J'ai mentionné le projet à quelques personnes lors d'une réunion de la Chambre de commerce l'autre jour, et l'un de mes collègues membres a dit qu'il connaissait quelqu'un qui pourrait me faire parvenir un CV pour le poste de QC. Je lui ai dit que ce serait formidable. Le mot est donc déjà passé dans la rue, mais nous devons encore systématiser le processus de recrutement.

Sandra avait dit :

— Nous nous sommes réunis tous les trois et avons créé une liste de nos recruteurs préférés. Nous pensons qu'il y a assez de travail pour trois recruteurs. Nous allons répartir les tâches entre les trois, et chacun de nous en gérera une. Nous nous coordonnerons avec toi pour les entretiens et l'embauche des candidats puisque tu auras le pouvoir de décision ultime. Est-ce que ça te convient, Todd ?

— Je ne pourrais pas être plus heureux de cette approche, avait-il répondu. Et pour tout ce que vous avez fait pour moi. Je ne sais pas comment je pourrais vous rendre la pareille.

Todd avait souri à ses amis en signe de reconnaissance, leur avait serré la main et était retourné sur le chantier pour une journée d'observation de la construction.

Voici le modèle de compétences, la description du poste et les attentes en matière de résultats commerciaux que le comité consultatif avait établis pour le poste de directeur du marketing :

MODÈLE DE COMPÉTENCES : RESPONSABLE MARKETING

Compétences générales :

Intelligence émotionnelle (à l'égard de toutes les parties prenantes)
Compétences en communication (leadership, travail d'équipe, relations avec les clients) Compétences techniques (compétences en systèmes CRM, compétences en tableur, analyse commerciale)
Compétences organisationnelles (personnelles, collégiales, leadership, adaptabilité)
Éthique de la vente et du marketing

Compétences spécifiques au marketing :

Développer des stratégies de vente et de marketing de produits par segment, territoire et région.

*Définir la gamme de produits en fonction des prévisions de l'offre et de
la demande Définir les objectifs de vente, les objectifs de profit et
les volumes de vente*

*Développer de nouveaux clients, des stratégies de communication et des
campagnes*

Aider à la conception de nouveaux produits et d'extensions de produits

Lancer de nouveaux produits lorsqu'ils sont développés

*Mettre en œuvre des études de marché et la collecte de données auprès
de groupes de discussion*

Maintenir et gérer les budgets de vente et de marketing

*Mettre en œuvre des campagnes de marketing électronique et de rabais
promotionnels Développer des informations commerciales exploitables
à partir de l'analyse des données.*

*Définir la stratégie publicitaire et mettre en œuvre les campagnes pub-
licitaires approuvées Gérer efficacement les grands comptes*

Diriger efficacement l'équipe et les activités de vente et de marketing

*Contrôler efficacement les performances de l'équipe de vente et de mar-
keting, et fournir un retour d'information.*

*Assurer une interface efficace avec la production et la distribution pour
répondre aux besoins des clients.*

Compétences techniques :

Connaissance technique des produits

Connaissance du secteur du marché

Compétences en matière de négociation

Compétences en recherche marketing et en planification stratégique

Connaissance de la théorie du marketing

Aptitude à traiter efficacement les questions et les plaintes des clients

*Aptitudes quantitatives, compétences en matière de tableur, d'analyse
des prix et de budgétisation*

Compétences en matière de budget

Compétences en matière d'assurance et de contrôle de la qualité

*Connaissances pertinentes en matière de législation, de réglementation
et de rappel de produits*

Connaissance des termes INCOTerms pour l'exportation.

DESCRIPTION DU POSTE : DIRECTEUR DU MARKETING

Entreprise et poste

BerryWay est à la recherche d'un responsable marketing qui rendra compte directement au PDG/propriétaire. Ce poste est une formidable opportunité d'entrer dans le vif du sujet au sein d'une jeune entreprise alimentaire passionnante de la Willamette Valley. Notre mission est de produire des produits alimentaires provenant de la Willamette Valley qui ravissent les clients en Amérique du Nord et dans le monde entier. Le candidat doit avoir un esprit d'entreprise et être passionné par les aliments de la Willamette Valley. Le candidat doit être innovant dans l'acquisition de clients, posséder les plus hauts standards d'honnêteté et d'intégrité, et exécuter les plans de vente et de marketing avec alacrité et avec des résultats mesurables.

Le candidat retenu devra :

Vendre des produits

- *Augmenter de manière rentable les ventes de produits BerryWay et atteindre tous les objectifs de volume.*
- *Faire connaître le nom de BerryWay à tous les acheteurs potentiels d'Amérique du Nord.*
- *Superviser toutes les négociations concernant les prix et les conditions contractuelles.*
- *Acquérir toutes les ressources nécessaires, y compris le développement de relations et l'engagement de partenaires, pour réaliser les plans de vente.*

Favoriser le travail d'équipe

- *Organiser et motiver une équipe de vente et de marketing capable de vendre sur les marchés de la restauration et de la vente au détail.*
- *Mesurer objectivement les résultats des performances par rapport aux objectifs et en rendre compte.*

Planifier

- *Prévoir les volumes de vente et les marges bénéficiaires*
- *Planifier et mettre en œuvre une gamme de produits rentables*
- *Atteindre les objectifs de revenus et de profits convenus mutuellement*
- *Superviser les budgets de dépenses de marketing*
- *Travailler avec la production, l'acquisition de matières premières et le qualité pour répondre aux besoins des clients et maximiser l'utilisation efficace des ressources*

Innover

- *Concevoir et exécuter des campagnes publicitaires approuvées*
- *Concevoir des modèles financiers complexes qui facilitent la gestion précise des ressources*
- *Aider la recherche et le développement à mettre au point de nouveaux produits et services*

Posséder les qualifications suivantes

- *Baccalauréat ou maîtrise en commerce.*
- *Solides compétences en matière de négociation, de communication et de tableur*
- *Passion pour la nourriture, en particulier celle provenant de la Willamette Valley*
- *Au moins cinq ans d'expérience dans la direction efficace d'équipes de vente*
- *Volonté de voyager beaucoup*

Notre processus

Les personnes intéressées doivent contacter M. Ron Golden à Process Recruiters, Inc. à l'adresse rgolden@processrecruiters.com. Le PDG/ propriétaire et son équipe de conseillers mèneront tous les entretiens.

Rémunération

La rémunération est proportionnelle à la capacité et au niveau d'ex-périence. Un salaire compétitif et attrayant et un ensemble d'avantages sociaux accompagneront ce poste.

ATTENTES EN MATIÈRE DE RÉSULTATS COMMERCIAUX : DIRECTEUR DU MARKETING

- *Atteindre un chiffre d'affaires annuel de 40 millions de dollars en deux ans.*
- *Maintenir des marges bénéficiaires moyennes d'au moins 2,5 %.*
- *Conclure un contrat avec au moins un nouveau distributeur important par mois*
- *Lancer au moins un nouveau produit par an (au moins 1 million de dollars de ventes) Maintenir un taux de satisfaction de la clientèle d'au moins 90 %.*

Pendant ce temps, l'horloge tournait pour la nouvelle usine de Todd. Il devait passer des contrats avec les producteurs pour leurs récoltes en hiver, après Noël mais avant le printemps, afin d'assurer la disponibilité de produits frais pour la saison de production estivale. Nous étions à la mi-mars et l'usine n'était encore qu'à un tiers de sa construction, mais avec plus de cent entrepreneurs sur place, les travaux avançaient rapidement. Les producteurs dont la superficie était engagée commençaient à être nerveux, sachant que leurs contrats avec Todd ne vaudraient pas grand-chose sans une usine opérationnelle.

Todd avait commencé à faire passer des entretiens aux candidats aux différents postes de direction et avait engagé une responsable du contrôle de la qualité, Maria Padilla, un responsable de l'acquisition des produits bruts, Kyle Johnson, un responsable du marketing, Mike Towers, un contrôleur financier, Deborah, qui continuait à faire un excellent travail, et une responsable de la distribution, Cathy Sampson. Il travaillait toujours à l'embauche d'un directeur de la production. Il y avait quelques candidats, mais aucun d'entre eux ne l'enthousiasmait. Il avait décidé d'attendre un peu avant de recruter la bonne personne pour ce poste.

Todd avait appris à apprécier le modèle que son conseil consultatif lui avait présenté, à savoir l'identification des compétences, la création d'une description de poste solide et la définition des résultats attendus. Il avait décidé d'appliquer ce modèle à chacun de ses nouveaux directeurs, après avoir déterminé avec eux le nombre et le type de postes nécessaires dans chaque domaine. Son directeur du marketing, Mike Towers, avait adopté la méthodologie avec enthousiasme, avait déterminé les besoins de cinq vendeurs initiaux et d'un assistant commercial, et avait créé le modèle de compétences, la description de poste et les attentes en un temps record. Todd avait fourni les noms de quelques recruteurs et avait chargé Mike d'aller sur le marché du travail et d'acquérir les talents nécessaires. Todd s'était assuré d'inclure «acquisition de talents» dans la description de poste de Mike, et «acquisition des talents nécessaires» dans les attentes de Mike en matière de résultats commerciaux. Bien que Todd s'était réservé le droit de faire passer des entretiens et de prendre les décisions finales en matière de recrutement pour l'équipe permanente de marketing, il avait confiance dans la motivation de Mike à trouver les meilleures personnes disponibles.

Le jeune dirigeant s'était rendu compte qu'il devrait acquérir un cadre de techniciens talentueux dès que possible, avec ou sans directeur de production à bord. Dans le cas d'une usine conçue pour être à forte intensité de capital et équipée de grandes machines et de technologies, il serait trop risqué de ne pas faire participer les techniciens qui utiliseraient l'équipement à l'installation, de les faire progresser dans la courbe d'apprentissage et d'apporter des améliorations avant la mise en service.

Un soir, après une journée chaude et poussiéreuse sur le chantier de construction, Todd avait sorti les schémas d'aménagement de l'usine et avait commencé à réfléchir au nombre de techniciens qui seraient nécessaires. Pour Todd, il était logique qu'au moins un responsable technique soit affecté à chaque système. Comme l'usine avait été conçue pour fonctionner 24 heures sur 24 et 7 jours sur 7 pendant la saison de production, Todd allait devoir insister sur la formation croisée entre les différents secteurs afin que les techniciens de n'importe quel secteur puissent être responsables des opérations pendant n'importe quelle équipe, à n'importe quelle heure du jour ou de la nuit. D'après ses calculs, il aurait besoin de six techniciens, chacun ayant un haut niveau de compétence dans son propre domaine d'expertise, ainsi qu'une connaissance pratique des autres domaines, et la capacité d'apprendre ce qu'ils ne savaient pas déjà. Il avait besoin de techniciens pour la réception des fruits frais, le lavage et le traitement, l'emballage, l'électricité et l'automatisation, la production de vapeur et les systèmes utilitaires. Il avait sorti son modèle de traitement de texte pour commencer à créer un modèle de compétences pour l'opération d'emballage et s'était rapidement endormi à son bureau. Demain serait un autre jour.

Le lendemain matin, Todd et Deborah rencontraient Steve Cameron pour passer en revue les clauses restrictives du prêt, puis Todd et ses producteurs s'étaient réunis pour discuter de leur nervosité face au rythme de la construction. Todd avait passé environ deux heures à les calmer, puis était retourné à son bureau. Deux messages vocaux l'attendaient, l'un concernant un retard dans la livraison d'un équipement de mise en conserve essentiel, l'autre un problème avec sa police d'assurance en cours de construction. Il n'y avait rien à faire pour l'équipement retardé. Tant qu'il était opérationnel au 1er juillet, il était satisfait, mais tout retard était inquiétant. Il avait décidé d'élargir la description de poste de Deborah pour qu'elle s'occupe des questions d'assurance ; c'était tout à fait dans ses capacités et il avait des choses plus importantes à faire pour le moment.

Todd s'est accordé un bref répit pour fermer les yeux à son bureau et laisser son esprit dériver pendant un moment : à ce stade particulier du projet, il avait beaucoup plus de tâches à accomplir qu'il n'avait le temps de le faire. En un clin d'œil, il a eu une idée clé dont il se remerciera plus tard : il avait besoin d'aide dans le domaine des ressources humaines et le plus tôt serait le mieux. Il devait conserver l'autorité de décision finale sur l'embauche du personnel clé, mais un bon collaborateur des RH pouvait lui faire gagner du temps en rédigeant les compétences, les descriptions de poste et les attentes, sans parler de l'organisation des entretiens et du filtrage des CV. Lorsque Todd avait pensé à la centaine d'employés saisonniers qui seront nécessaires au cours des deux prochains mois, le besoin d'un excellent gestionnaire des ressources humaines était devenu encore plus évident. Todd ne pouvait en aucun cas s'occuper lui-même des ressources humaines. Il était temps de convoquer une autre réunion du conseil consultatif.

Sean, Sandra, Bill et Todd s'étaient réunis deux jours plus tard dans le bureau de Sean. Todd avait exposé les besoins en talents RH tels qu'il les voyait. Après quelques minutes de discussion, Sandra avait fait remarquer que sa société venait de réduire sa propre recherche d'un nouveau directeur des ressources humaines à deux excellents candidats. Elle allait vérifier la disponibilité du candidat non choisi ; s'il était toujours disponible et intéressé, elle transmettrait son CV à Todd. Elle avait proposé à Todd de travailler avec lui immédiatement après la réunion du conseil d'administration pour créer rapidement un modèle de compétences, une description de poste et un ensemble d'attentes qui fonctionneraient.

Trois jours plus tard, armé de l'excellente description de poste que Sandra l'avait aidé à créer, Todd avait fait passer un entretien à Teresa Williams pour le poste de directeur des ressources humaines. Il avait constaté qu'elle possédait toutes les compétences identifiées et qu'elle projetait une personnalité chaleureuse et amicale. Teresa n'avait aucune objection à l'égard des résultats attendus de l'entreprise. À la fin de l'entretien, elle avait demandé :

— Il y a une tonne de travail à faire. Quand puis-je commencer ?

Todd avait répondu :

— Demain, si tu veux.

Le lendemain, Teresa avait commencé l'important travail de finalisation des compétences, des descriptions et des attentes pour les six chefs techniques, ainsi que pour les huit emplois représentés par les cent travailleurs saisonniers. Cela faisait beaucoup de talents à acquérir en peu de temps ; elle n'avait pas de temps à perdre.

À l'approche de la fin du mois d'avril, Teresa avait prouvé qu'elle était à la hauteur. Avec l'aide de Todd, elle avait entièrement défini les six postes techniques et avait lancé des processus de recherche et d'entrevue qui ont permis de recruter quatre des six dirigeants, avec de multiples candidats pour les deux autres postes clés. Elle avait créé une matrice pour les besoins en main-d'œuvre saisonnière, identifiant les postes qui seraient les plus difficiles à pourvoir et concevant une stratégie pour chacun d'eux, tout en établissant un processus de publicité, de collecte de CV et de hiérarchisation de l'énorme flux de CV qui arrivait quotidiennement.

Maintenant qu'elle avait la plupart des responsables techniques à bord, elle pouvait les impliquer dans le processus de prise de décision finale pour leurs domaines respectifs. Todd avait, de manière inhabituelle, pris du recul par rapport au processus d'embauche des employés saisonniers. Il avait déjà trop à faire pour s'occuper de l'embauche de tous les employés. En revanche, il s'était fortement impliqué dans le recrutement des techniciens, et s'était montré extraordinairement sélectif quant aux personnes qui occupaient ces postes. Il savait que les responsables techniques seraient la principale source d'information et de retour d'information pour la main-d'œuvre saisonnière. Il savait également qu'une mauvaise personne à un poste technique entraînerait des problèmes et pourrait même attirer l'attention d'un syndicat. Il était déterminé à ce que toutes les personnes soient traitées de manière équitable et directe. Il ne pouvait pas tolérer un comportement impérieux qui donnait une mauvaise image de son entreprise. Tout le monde chez BerryWay avait droit à une pleine mesure de dignité au travail.

Todd avait tout mis en place et peut, enfin, se sentir à l'aise avec les progrès réalisés dans la dotation en personnel de la nouvelle usine. Il avait toujours été à l'aise avec les progrès de la construction : l'équipement arrivait dans les délais, à quelques exceptions près, les ouvriers se présentaient au travail, les factures étaient payées et les bâtiments étaient construits. Maintenant, il pouvait respirer un peu plus facilement en sachant que l'usine serait... à une exception notable : son directeur de production, le rayon le plus important de la roue des opérations.

Todd avait besoin d'un directeur de production le plus tôt possible pour lui donner la possibilité de comprendre l'opération avant le démarrage. Il était pleinement conscient que si le poste n'était pas pourvu, il serait stressé jusqu'au point de rupture par le simple volume de décisions opérationnelles rapides. Il avait besoin de quelqu'un de concentré, de dynamique et capable d'avoir une vue d'ensemble, et il avait besoin de cette personne le plus tôt possible.

Le lendemain, il avait convoqué une réunion d'urgence de son conseil consultatif et lui avait fait part de son inquiétude quant à l'impossibilité de trouver un directeur de production. Après un long silence, Sean avait pris la parole et dit :

— Cette fois-ci, il faudra peut-être sortir des sentiers battus. Nous avons travaillé avec un petit groupe de recruteurs jusqu'à présent, plus quelques annonces dans des magazines spécialisés. De toute évidence, ce processus n'a pas permis de trouver le bon candidat. Je fais partie d'un groupe de cadres qui compte quelques représentants de grandes entreprises nationales de recrutement. Comme nous avons déjà une superbe description de poste, je peux faire appel à mes contacts et faire appel à une recherche nationale. Nous devrons peut-être assumer certains frais de déménagement, mais il semble que cela vaille la peine de trouver la bonne personne. Je vais m'y mettre cet après-midi.

Les autres membres du groupe avaient hoché la tête en signe d'approbation et d'appréciation de l'initiative de Sean. Une fois ce gros casse-tête fermement délégué à son mentor de confiance, Todd avait remercié le groupe et était retourné avec confiance sur le chantier.

Trois semaines plus tard, Todd avait son directeur de production. Scott Thorsen, un vétéran chevronné de l'industrie de l'autre côté du pays, était tranquillement à la recherche d'une opportunité depuis que son entreprise avait commencé à réduire ses effectifs. Lorsqu'il avait entendu parler de la start-up de Todd, il avait sauté dans le premier avion pour la côte ouest afin de passer un entretien. Todd avait été impressionné par son sens des affaires, ses compétences techniques et l'étendue de son expérience. Scott était apparemment le candidat idéal pour le poste. Après quelques négociations rapides sur le salaire et les conditions de travail, Scott avait été engagé par Todd. Après quelques négociations rapides sur le salaire et les avantages, Scott était à bord et sur le chantier, à trois semaines de la mise en service. L'équipe était enfin au complet.

Le 30 juin, les premiers chargements de baies entraient dans l'usine pour être pesés, triés, lavés et transformés, selon les recettes exclusives de Todd, en produits qui, il en était sûr, feraient un tabac sur le marché. Todd avait regardé avec appréhension les chargements entrer dans l'équipement de transformation, fier des employés qui faisaient un travail si soigné, ainsi que de son conseil consultatif qui l'avait soutenu quand il en avait le plus besoin. Il avait travaillé pendant vingt-quatre heures le premier jour, observant chaque aspect de l'opération qui culminait avec les premiers bocaux de garnitures aux baies étiquetées sortant des lignes de production pour être palettisés, emballés sous film rétractable et stockés pour être expédiés à l'usine de Sandra située à trente miles de là. Il était rentré chez lui et avait mieux dormi qu'il ne l'avait fait depuis longtemps.

Pourtant, les choses pouvaient être mieux. Scott, bien que techniquement compétent, n'aimait pas prendre des décisions rapidement, surtout lorsqu'il s'agissait de personnes .Lorsque l'un de ses six superviseurs de production s'était livré à du harcèlement sexuel sur le lieu de travail, Scott n'avait pas réagi rapidement à ce comportement. Lorsque les preuves contre le superviseur étaient devenues irréfutables, BerryWay avait dû subir une enquête du conseil du travail de l'État, qui avait confirmé le retard inexcusable dans le signalement. L'entreprise avait payé une amende importante, obligeant Scott à licencier le superviseur. L'incapacité de Scott à affronter les problèmes sur le lieu de travail, ainsi que son approche passive des conflits nuisibles, s'étaient avérées coûteuses. Les conflits dans l'équipe de Scott rongeaient le moral comme un bain d'acide lent.

De plus, la politique de porte ouverte de Todd avait amené de nombreux employés à venir le voir directement pour lui soumettre des questions et des problèmes que Scott aurait dû être capable de gérer facilement.Les choses en étaient arrivées à un point où l'incapacité de Scott à gérer les problèmes humains commençait à l'emporter sur sa capacité à résoudre les problèmes techniques de production et à diriger la production. Todd avait engagé plusieurs conversations avec Scott au sujet de ses préoccupations, mais les choses ne semblaient jamais s'améliorer. Todd avait dû lui-même licencier un autre des six superviseurs de production, pour des raisons de performance fondamentales, ce que Scott aurait dû voir et régler bien avant. Les superviseurs de production et Scott étaient au cœur même de la production, là où le produit était créé pour les clients. Todd ne pouvait pas imaginer un manque de performance solide supplémentaire. Il fallait faire quelque chose pour Scott, et vite.

L'autre source d'inquiétude de Todd concernait son responsable de l'acquisition des produits bruts, Kyle. Depuis des mois, Todd demandait une analyse quantitative de tous les producteurs dans un rayon de 300 km, afin de pouvoir entretenir des relations pour garantir les futurs approvisionnements en produits bruts de haute qualité. Kyle avait apparemment trouvé plus intéressant de poursuivre de nouvelles initiatives technologiques, ce qui faisait appel à sa formation scientifique. Bien que certaines des nouvelles initiatives de Kyle se soient avérées modérément utiles, elles ne faisaient pas grand-chose pour stimuler la stratégie de l'entreprise dans le développement de nouvelles sources d'approvisionnement. Bien que Todd connaissait et appréciait les points forts de Kyle, et qu'ils recevaient chaque année des quantités suffisantes de produits, la qualité des baies et des fruits avait commencé à baisser. De plus, les producteurs ne livraient pas toujours le degré de maturité promis, qui était essentiel pour les recettes de produits sur lesquelles les clients de Todd comptaient, ce qui l'obligeait à renégocier les spécifications de qualité avec les clients ou à emprunter des variétés à un client pour en satisfaire un autre. Être obligé de compenser les erreurs de Kyle et voir la stratégie des producteurs stagner n'était pas l'idée que Todd se faisait d'une bonne exécution. Il s'était progressivement rendu compte qu'il devrait s'occuper de la situation de Kyle plus tôt que tard.

Pour compliquer ses calculs, Todd était en train d'élaborer une stratégie entrepreneuriale visant à créer une toute nouvelle entreprise, avec une gamme de produits plus complète, comprenant des jus, des arômes et des bonbons. Il prévoyait de proposer cette opportunité à ses partenaires et d'offrir des responsabilités accrues à son personnel de direction. Cependant, à moins de faire part de ses préoccupations à Scott et Kyle, il serait imprudent de parler avec eux de l'augmentation de leurs opportunités de carrière dans une nouvelle entreprise. Jusqu'à présent, il s'était contenté d'évaluations de performance au compte-gouttes, effectuées une fois par an avant Noël. Il s'était rendu compte qu'il n'avait pas fait un très bon travail pour mener ces conversations. Teresa avait fait un meilleur travail d'évaluation de la main-d'œuvre saisonnière. D'une manière ou d'une autre, il devait engager des conversations très difficiles, et vite.

Todd se demandait souvent : Pourquoi, dans le milieu de travail, les gens ne peuvent-ils pas se tenir mutuellement responsables de leur rendement ?

Il avait réalisé qu'il était aussi coupable que quiconque à cet égard. Après tout, sans performance au travail, il n'y avait pas de clients satisfaits. Il s'était rendu compte que les deux domaines les plus préoccupants en matière de leadership dans son usine - la production et l'acquisition - étaient également les plus structurés.

Lorsqu'il avait créé l'usine, il n'avait pas beaucoup réfléchi à la notion de structure organisationnelle, adoptant la même structure que l'usine traditionnellement hiérarchisée et syndiquée située à 80 km de là. À l'époque, Todd pensait que c'était la bonne solution : faire appel à des directeurs, placer le personnel sous les ordres des directeurs, et laisser les directeurs gérer le personnel. Avoir une hiérarchie de patrons et laisser les subordonnés répondre aux patrons de leurs performances quotidiennes. Demander aux patrons d'évaluer les performances et de distribuer les primes ou les félicitations, ainsi que les mesures disciplinaires. Veiller à ce que l'échelle des salaires reste compétitive.

La direction et la stratégie viendront d'en haut (Todd) et seront communiquées aux managers qui devraient être assez intelligents pour les absorber. Ils pourront ensuite transmettre l'information à leurs subordonnés en petits morceaux jusqu'à ce que tout le monde rame dans la même direction. Cela semblait avoir du sens à l'époque, mais était-ce vraiment le cas ?

Todd avait pensé à sa vie de famille heureuse. Il s'était marié l'année précédente, et sa femme, Sarah, attendait un bébé dans quelques mois. Il s'était dit : Pourquoi les gens sur le lieu de travail ne peuvent-ils pas se traiter comme une famille ? Après tout, Sarah et moi prenons toutes sortes de décisions cruciales dans notre famille sans que l'un de nous soit le «patron». Quelle est la différence entre une famille et un lieu de travail ?

Chapitre Deux
DÉFIS

Todd buvait un autre long verre de sa gourde avant de s'essuyer la tête avec un bandana et de continuer à réfléchir aux leçons des quatre dernières années.

BerryWay avait réussi à prendre une part de dix pour cent du marché des condiments aux fruits grâce à sa superbe structure de coûts, qui lui donnait une plus grande flexibilité en matière de prix que la plupart de ses concurrents, et aussi grâce à l'excellence de son équipe de vente et de marketing, qui semblait tourner à plein régime. Sa stratégie commerciale clairement articulée se déroulait mieux que ce qu'il aurait pu espérer.

Mike et son équipe de vente et de marketing s'étaient révélés être de premier ordre. Le fait de disposer d'un nouveau laboratoire de recherche et développement à la pointe de la technologie sous la direction de sa responsable du contrôle de la qualité, Maria, ne l'avait pas empêché de créer régulièrement des produits innovants et rentables. Mike et Maria avaient l'habitude de travailler ensemble pour positionner des produits destinés à des clients spécifiques et à leurs besoins particuliers. Tous deux étaient prêts à sauter dans un avion à tout moment pour rendre visite à un distributeur qui avait une question technique ou une préoccupation concernant leur produit. Todd était reconnaissant d'avoir une paire d'hommes aussi proactifs pour assurer l'interface avec ses clients.

La seule année sur quatre qui n'avait pas été rentable était la première année, principalement en raison d'une compression du coût des matières premières, associée à quelques employés saisonniers supplémentaires qui s'étaient avérés inutiles. Todd avait rapidement appris que la part des coûts fixes dans sa masse salariale était importante et que quelques heures supplémentaires pouvaient être beaucoup moins coûteuses que d'avoir des employés supplémentaires qui n'étaient pas aussi productifs qu'ils auraient pu l'être.

Il avait également appris à apprécier son contrôleur financier, Deborah, qui avait mis en place des systèmes financiers conçus pour trouver tous les rabais possibles auprès des fournisseurs et recouvrer chaque dollar dû par les clients en temps voulu. Elle avait fait preuve d'une réelle initiative en prenant en charge la fonction de gestion des risques et collaborait avec Teresa à la conception d'un ensemble d'avantages sociaux compétitifs pour l'approbation de Todd. Ils venaient juste de mettre en place un plan de retraite collectif 401(k) qui avait remporté un franc succès auprès des employés (en partie grâce aux options d'investissement robustes du plan) et avaient hâte de mesurer les taux de rétention et de mener des enquêtes auprès des employés pour confirmer la sagesse de leur décision.

Todd était également ravi que Deborah ait repris l'essentiel de sa relation bancaire avec Steve Cameron, qui était impressionné par la qualité des états financiers et la régularité avec laquelle BerryWay respectait ou dépassait les clauses de ses prêts. Steve avait pu se vanter de son compte auprès de ses supérieurs à la banque, qui étaient jaloux, en plaisantant, de son succès dans l'approbation de ce que beaucoup considéraient comme un prêt risqué quatre ans auparavant.

Teresa s'était révélée être une meilleure gestionnaire des ressources humaines que Todd ne le pensait, ayant embauché et intégré près de cent employés saisonniers la première année, avec un taux de retour de quatre-vingt-dix pour cent d'une année sur l'autre. Elle était populaire auprès du personnel et prenait toujours le temps de répondre aux questions et d'écouter les préoccupations des employés. Ses manières amicales, associées à une solide expérience en gestion des ressources humaines, avaient donné à Todd une grande confiance en Teresa et son personnel.

Il avait beaucoup lu ces derniers temps sur les principes civils libérateurs. Il semblait évident que pratiquement toutes les interactions humaines pouvaient être ramenées à deux principes de base qui, s'ils étaient respectés, permettraient des interactions extraordinairement productives sur le lieu de travail ainsi que dans le reste de la société.

Les principes :

Premièrement, les gens ne doivent pas utiliser la force contre les autres ou leurs biens.

Deuxièmement, les gens doivent respecter leurs engagements envers les autres.

Todd repensait à tous les incidents où des personnes étaient venues le voir pour faire appel d'un licenciement par l'un des superviseurs de la production. Dans presque tous les cas, une enquête plus approfondie avait révélé un manque de justification de la part du superviseur ou une documentation bâclée d'un manque de performance probable. Todd avait annulé toutes ces décisions, sauf une, où le superviseur avait en fait fait un bon travail de documentation et avait essayé de redresser l'employé. La frustration de Todd à l'égard du système devenait palpable, et cela commençait à l'épuiser. Les problèmes prenaient trop de temps ; l'énergie psychique perdue était trop stressante. Il devait y avoir une meilleure façon de faire. Pouvait-il adapter les principes fondamentaux d'une société civile harmonieuse et prospère au lieu de travail ?

De même, Todd avait réfléchi au deuxième principe de la société civile : les gens devaient tenir leurs engagements envers les autres. Il avait parlé à Kyle à plus d'une occasion de la nécessité d'une analyse quantitative de l'offre. Todd avait réfléchi à l'écart entre les paroles et les actes et avait pris conscience de l'ampleur du coût d'opportunité que représentait le fait que Kyle ne respectait pas ses engagements explicites. Todd commençait à perdre confiance dans la structure organisationnelle traditionnelle qu'il avait adoptée. Il devait y avoir une meilleure solution.

Todd se levait avec son vélo, savourait un dernier regard sur les eaux rapides de la rivière Santiam, et regardait la bifurcation du sentier. La bifurcation de droite était obscurcie par les broussailles de l'hiver précédent ; la bifurcation de gauche était bien usée et claire. Ignorant les obstructions, il prit la bifurcation de droite. Son esprit était plein d'idées et il voulait se mettre au travail.

CHAPITRE TROIS
UN NOUVEAU DÉPART

Au fur et à mesure qu'il avançait sur son vélo, Todd comprenait que sa structure organisationnelle originale était plus une entrave qu'une aide. Elle ne favorisait pas la responsabilisation, ne lui permettait pas d'optimiser son temps et ne fonctionnait pas dans deux domaines essentiels de l'activité. Il soupçonnait que les choses pouvaient être encore pires qu'il ne l'imaginait si les gens masquaient leurs différences et ne se tenaient pas mutuellement responsables dans l'usine, en particulier dans les opérations de production. Il était temps de faire sauter l'ancienne structure, de prendre une feuille de papier vierge et un crayon, et de recommencer avec ses deux principes clés. Certains employés ne seraient pas satisfaits des résultats, mais il y aurait une structure fondée sur des principes qui donnerait des résultats. Todd s'en assurerait.

Le lendemain matin, il étala du papier sur son grand bureau en érable dans son chalet de vacances de la rivière Santiam et commença à rédiger une nouvelle charte organisationnelle basée sur ses deux principes civils de base. Alors qu'il réfléchissait à la grande surface de travail plate de son bureau, il lui vint à l'esprit que la structure organisationnelle idéale devait être plate. Il lui apparut de plus en plus clairement qu'un grand nombre des problèmes de personnel qu'il avait rencontrés résultaient du fait que les directeurs ou les superviseurs exerçaient inconsidérément leur position, leur pouvoir et leur autorité, que les autres trouvaient au pire intimidants et au mieux imparfaitement informés. Bien qu'il ait lui-même été contraint de licencier quelques personnes en raison d'impératifs légaux, il semblait à Todd qu'une structure organisationnelle mettant tous les employés sur un pied d'égalité en matière d'autorité était la seule structure qui avait du sens.

Alors qu'il envisageait les ramifications d'une structure organisationnelle totalement plate, il prit un crayon fraîchement taillé et commença à tracer les grandes lignes. À quoi ressemblerait l'horizontalité ? Tout d'abord, une structure plate ne nécessiterait pas de titres, ce qui signifiait que, sur le plan conceptuel, tous les employés seraient sur un pied d'égalité les uns par rapport aux autres, sans exception. Cela serait difficile à vendre pour certains employés, mais nécessaire.

Deuxièmement, il n'y aurait pas d'autorité de commandement. Il existait peut-être des institutions qui requéraient l'autorité de donner des ordres, comme l'armée, mais la plupart des gens ne vivaient pas leur vie en étant soumis à une telle autorité en dehors du travail. Todd réfléchit aux décisions d'affaires qui ne pouvaient pas être prises aussi bien, sinon mieux, par la persuasion et l'influence plutôt que sous la dictée. Il décida que toutes les décisions imaginables dans son entreprise pouvaient être prises et exécutées par la persuasion, même les décisions stratégiques. Si un employé ne pouvait pas être persuadé d'une ligne de conduite, il ne s'engagera pas de toute façon. Quelle meilleure façon de diriger l'exécution que de s'assurer que les gens s'engagent dans une direction en premier lieu ?

Troisièmement, Todd reconnut qu'en vertu de principes civils décents, les gens n'étaient pas en mesure de se «virer» les uns les autres. Les partenaires d'un mariage pouvaient divorcer en utilisant des processus établis, mais les personnes dans un mariage sont des partenaires, pas des patrons et des subordonnés. S'il voulait concevoir une organisation vraiment plate, il devrait mettre tout le monde sur le même pied d'égalité. Personne n'aurait d'autorité unilatérale sur une autre personne dans son organisation, y compris le pouvoir de licencier les autres. Todd pouvait déjà imaginer les objections de certains de ses managers à ce sujet. Mais il serait prêt à y répondre.

Une organisation totalement plate, aussi plate que son bureau d'érable, sans titres, sans autorité de commandement unilatérale, et sans qu'une personne ait le pouvoir d'en licencier une autre. Todd commençait à comprendre toute l'importance de ses idées. Il avait lu la littérature commerciale et était tombé sur plusieurs articles sur la «réduction du nombre de couches» dans diverses entreprises. Il pensait à ne pas avoir de couches. Zéro. Il se demanda ce que ses confrères penseraient d'un plan aussi farfelu, puis il mit ces pensées de côté et poursuivit son travail. Il n'était pas vraiment intéressé par ce que les autres dirigeants pensaient ou faisaient. Il se concentrait à juste titre sur sa propre entreprise et son propre secteur d'activité, où il réussissait et était respecté, et sa principale préoccupation était de faire en sorte que ce qu'il possédait fonctionne encore mieux. Il prit une tasse de café chaud, s'autorisa un regard par la fenêtre et continua.

Dans une organisation horizontale sans titres, Todd pensait qu'il fallait trouver un terme qui reflète mieux la relation de ses employés avec l'entreprise et entre eux. Il estima que le terme «employé» était stérile et impliquait une certaine soumission plutôt qu'une prise de décision professionnelle. Il chercha la définition du terme «employé» dans le dictionnaire et trouva «une personne travaillant pour une autre personne ou une entreprise commerciale contre rémunération». Déçu d'avoir laissé un tel terme clinique s'installer dans son entreprise, il réfléchit à plusieurs candidats pour une nouvelle désignation, notamment «associé», «allié», «partenaire», «collègue» et «coéquipier». Après avoir regardé la liste pendant quelques minutes, il choisit «collègue» comme désignation définitive. Il nota mentalement de rencontrer Teresa dès que possible pour suggérer d'introduire le nouveau terme dans le manuel et dans le reste de l'organisation. Il aimait la définition du dictionnaire de «collègue», «unir ou associer à un autre ou à d'autres», et ce qu'elle impliquait comme association volontaire dans la poursuite de la mission globale. Désormais, ses employés seraient des collègues, s'il parvenait à les convaincre.

Todd avait assisté à une récente conférence d'affaires et avait parlé à un collègue PDG qui avait récemment engagé un coach pour plusieurs de ses subordonnés directs et avait adopté le coaching pour l'ensemble de son personnel. Se souvenant de l'excellent mentorat qu'il continuait à recevoir de son conseil consultatif, Todd se dit que le coaching et le mentorat étaient le modèle qu'il voulait adopter et diffuser dans toute son organisation. Il voulait que ses collègues soient en mesure de s'informer mutuellement par le biais d'une approche de coaching, plutôt que de se contenter de faire valoir leurs points de vue et de signaler leurs erreurs. Il adopterait explicitement une culture de coaching et de mentorat. Les collègues de BerryWay s'entraideraient dans leur développement professionnel. Todd sourit en contemplant les avantages humains et financiers d'une culture positive de coaching et de mentorat.

Todd savait qu'il y aurait des situations où les collègues devraient se tenir mutuellement responsables. Il fallait mettre en place un processus permettant un examen objectif des faits, avec des contrôles et des contrepoids, afin que les collègues puissent se tenir mutuellement responsables jusqu'à la cessation d'emploi. Certaines circonstances juridiques exigeraient de contourner ce processus. Si quelqu'un venait au travail en état d'ébriété ou en brandissant une arme chargée, il n'y aurait pas de temps pour une procédure régulière, et le système juridique ne verrait pas d'un bon œil tout retard dans le traitement d'une telle personne. D'autre part, il avait eu connaissance d'un superviseur qui menaçait de licencier des employés de production subordonnés pour des erreurs relativement mineures dans les procédures opérationnelles. Il n'avait aucune tolérance pour de telles démonstrations inutiles d'arrogance et de pouvoir. Si ce superviseur n'avait pas eu le titre de «superviseur» et n'avait pas eu le pouvoir de licencier qui que ce soit, ses menaces auraient été moquées et le lieu de travail aurait été plus humain et plus productif.

Toutefois, lorsque les circonstances exigeaient une discussion sérieuse sur les performances, un processus était mis en place afin de continuer à réaliser la mission de l'entreprise. Il écrivit les mots «Processus de responsabilisation» sur son plan et commença à esquisser quelques points pour le remplir. Le premier point était le suivant :

«Avoir une conversation directe avec la personne.»

L'un des plus gros maux de tête de Todd concernait les commérages malveillants et les personnes qui parlaient dans le dos des autres de problèmes de performance. Il rejetait explicitement cette option, du moins en ce qui concernait les collègues... et exigeait que toute personne remarquant des problèmes de performance ou d'intégrité chez un autre collègue soit tenue d'en discuter directement avec ce dernier. Toute personne qui ne serait pas prête à entamer une telle discussion devrait simplement tolérer la situation. Soit il parlait, soit il se taisait. Parler dans le dos de la personne ne serait pas une option. En fait, parler dans le dos de la personne serait en soi une violation expresse de l'ensemble des principes que Todd était en train de développer.

Todd admettait qu'une telle discussion en tête-à-tête ne permettrait pas nécessairement de résoudre une divergence d'opinion. L'étape suivante, dont il prit note, était :

«Un médiateur tiers».

Il pensait que si une discussion entre deux collègues ne permettait pas de résoudre le problème, il faudrait un regard neuf pour examiner les faits et les circonstances, entendre les deux collègues et exprimer leurs pensées sur les points soulevés par les deux parties. Le médiateur devrait être quelqu'un en qui les deux collègues avaient confiance et qui aurait l'obligation d'entendre les deux parties et d'exprimer ses propres idées sur ce qu'il avait entendu. Le médiateur n'aurait toutefois pas le pouvoir de résoudre le problème, ce pouvoir appartenant toujours aux deux collègues eux-mêmes.

Mais le médiateur serait très bien placé pour garder le cap de la discussion et veiller à ce que les collègues s'en tiennent aux faits et s'éloignent des personnalités.

Todd se dit qu'il était tout à fait possible que même une discussion médiatisée n'aboutisse pas à la résolution d'une divergence d'opinion entre deux collègues, notamment si un collègue demandait à un autre collègue de le licencier pour des raisons de performance ou d'intégrité. On ne pouvait s'attendre à ce que peu de collègues renoncent volontairement à leur emploi sans un désaccord vigoureux. Par conséquent, pensa Todd, il devait y avoir une étape finale dans le déroulement de la procédure régulière. Si une divergence d'opinion ne pouvait être résolue par une discussion directe ou une médiation, il serait alors nécessaire de réunir un panel de collègues pour entendre les deux parties et rester dans la conversation jusqu'à ce qu'une résolution soit trouvée. Si le groupe était dans l'impasse, Todd participerait aux délibérations et rendrait une décision finale. À un moment donné, tous les différends devaient prendre fin. Todd laissa à une date ultérieure la détermination de la taille et de la composition du panel. Il avait le sentiment de faire de réels progrès.

Voici la liste que Todd avait complétée ce matin-là à son bureau :

- Pas de recours à la force et respect des engagements
- Pas de titres
- Pas de pouvoir de commandement
- Pas de pouvoir unilatéral de licenciement
- Collègues
- Culture du coaching et du mentorat
- Processus de responsabilisation

Todd prit une pause déjeuner. Après avoir pris un sandwich et un café, il s'assit à son bureau pour revoir ce qu'il avait écrit. Sa liste contenait des idées assez radicales pour une entreprise de fabrication, et il était sûr que ses collègues PDG trouveraient quelque peu surprenant que quelqu'un tente d'organiser une entreprise de cette façon. Le scepticisme anticipé, cependant, ne fit que le convaincre d'aller de l'avant. Il ne faisait aucun doute, théorisa Todd, que d'autres PDG avaient le même genre de problèmes que lui. La seule différence est que personne n'avait décomposé la hiérarchie autant que Todd prévoyait de le faire avec BerryWay. Et maintenant, alors qu'il réfléchissait à de nouvelles améliorations de sa structure organisationnelle plate, il eut une idée de base pour l'aider à compléter le concept.

Todd s'appuya sur sa chaise, réfléchissant. Sa tête nageait dans les implications de l'expérience qu'il était sur le point de déclencher. Bien qu'il avait écrit certains des concepts de base, il commençait à se remettre en question et à douter de la rationalité de certaines de ces idées. Après tout, personne, à sa connaissance, n'avait essayé la pleine mesure de ce qu'il était sur le point de tenter dans une entreprise importante de plusieurs millions de dollars.

Alors qu'il contemplait la liste, Todd avait le sentiment que si sa conception avait fortement limité les inconvénients des organisations hiérarchiques traditionnelles, il n'avait pas suffisamment apprécié les avantages potentiels. Après tout, si tout ce qu'il voulait, c'était éliminer les déplacements de pouvoir, il y avait peut-être d'autres moyens d'y parvenir. Quels étaient les véritables avantages de la planéité ?

Il se souvint d'une photo qu'il avait vue récemment, prise par satellite, de la péninsule coréenne la nuit. La Corée du Sud était brillamment éclairée, vibrante d'activité. La Corée du Nord était sombre, à l'exception d'un point lumineux dans la capitale Pyongyang. La différence entre les deux pays ? Le degré de liberté. La nouvelle organisation de Todd allait être basée sur la liberté. Personne à BerryWay ne savait mieux comment effectuer un travail que la personne qui l'effectuait. Il n'y avait pas de raison évidente pour que les gens ne soient pas libres d'accomplir leur travail au mieux de leurs capacités, selon leur propre compréhension des besoins de l'emploi en question. Il n'y avait pas de raison évidente pour que les gens ne soient pas libres d'innover de nouvelles façons d'accomplir leur travail encore mieux. Il n'y avait pas de raison évidente pour que les gens ne soient pas libres de négocier des changements dans leur travail, tant que les besoins de l'organisation étaient satisfaits. Todd avait identifié le fondement de son organisation. C'était la liberté. La liberté d'agir de manière responsable dans la poursuite de la mission. Il l'ajouta à sa liste.

Il avait besoin d'une rubrique - comment allait-il appeler ce type d'organisation ? Après une demi-heure de réflexion, les yeux fermés, il décida qu'aucun terme ne décrivait mieux ce qu'il envisageait que «autogestion». Si un collègue de l'entreprise n'avait pas d'»autre direction», c'est-à-dire un patron, alors par défaut, la seule source de direction devait venir de soi-même et des collègues qui se tiendraient mutuellement responsables par le dialogue et la persuasion, mais pas par la force. Todd était satisfait d'avoir sa rubrique, il ne restait plus qu'à remplir les détails. Quelque chose en lui lui disait que la partie facile était terminée. Il écrivit les mots «Autogestion» sur sa liste, posa son crayon et alla se promener.

En revenant, il décida de tester certains de ses nouveaux concepts sur Sarah. Alors qu'elle coupait des poivrons pour une salade, il lui demanda :

— Chérie, que dirais-tu si je devenais ton patron dans cette famille, puisque, après tout, je suis l'homme et le principal soutien de famille ?

Il le dit avec un tel sourire qu'elle ne put rater le fait qu'il plaisantait, et décida de jouer le jeu.

— Et pourquoi diable accepterais-je un arrangement aussi ridicule ? répliqua-t-elle. Je ne te vois pas tomber enceinte. Et après la naissance de notre bébé, je ne te vois guère changer de couches non plus !

— Mais chérie, dit Todd. Comment allons-nous nous organiser ? Comment allons-nous décider qui fait quoi ? Comment allons-nous gérer un budget ? Qui va payer les factures ? Qui sortira les poubelles ? Comment une famille peut-elle se débrouiller sans patron ?

Sarah lui jeta un long regard, légèrement agacé.

— Je suppose que nous devrons le découvrir. Peut-être qu'on peut juste se mettre d'accord pour diviser les tâches ménagères en fonction de qui fait quelque chose le mieux. Je suppose que je serai la meilleure pour allaiter notre bébé. Pas vrai ?

Sur ce, Todd accepta la fin de la conversation et se dit qu'il ne voyait pas pourquoi l'autogestion ne pourrait pas s'appliquer au lieu de travail. Si les êtres humains étaient suffisamment intelligents et sophistiqués pour se marier, avoir des enfants, contracter un emprunt, chercher un emploi, acheter une voiture, partir en vacances, économiser pour l'université, servir dans des organisations communautaires et faire face à la myriade d'autres défis de la vie quotidienne, il n'y avait aucune raison pour que les êtres humains ne puissent pas se gérer eux-mêmes sur le lieu de travail. En fait, comment les superviseurs de l'usine avaient-ils pu se réunir chaque année dans une ligue de fantasy football, mémoriser des dizaines de statistiques et suivre les méandres du marché des agents libres de la NFL, sans s'autogérer ? Une fois le cap fixé, il se réjouit de se rendre au travail le lundi matin.

Après le dîner, Todd et Sarah s'assirent en silence en se tenant la main sur un canapé devant leur grande baie vitrée, en regardant le soleil se coucher à l'ouest. A la tombée de la nuit, Todd retourna à son bureau, écrivit sa rubrique en haut de sa liste et alla se coucher.

Autogestion

- Pas de recours à la force et respect des engagements
- Pas de titre
- Pas de pouvoir de commandement
- Pas de pouvoir unilatéral de licenciement
- Collègues
- Culture du coaching et du mentorat
- Processus de responsabilisation
- Liberté

Au cours des semaines suivantes, Todd lut avec voracité, essayant d'absorber toutes les informations concernant ce qu'il considérait comme un élément clé de l'organisation d'une grande entreprise commerciale. Il dévora des livres et des articles sur les styles d'organisation des entreprises entrepreneuriales, les structures de commandement militaire (qui, à sa grande surprise, pouvaient osciller entre le commandement et le contrôle et l'autogestion pure) et les initiatives de performance des entreprises de haute technologie. Rien de ce qu'il lut ne le détrompa dans sa détermination à créer la première entreprise commerciale à grande échelle, totalement autogérée, au monde. En fait, plus il lisait, plus il en venait à croire en l'autogestion. Il était temps de partager certaines de ses idées avec ses collègues et d'évaluer leurs réactions. Après tout, il ne serait pas juste de déclarer simplement que BerryWay serait dorénavant une entreprise plate et autogérée. Les gens avaient rejoint l'entreprise avec certaines hypothèses et avaient accepté des postes avec des titres et des attentes. Il allait devoir obtenir le soutien de ses idées, un collègue à la fois. Il était temps d'organiser une réunion d'entreprise.

Le lundi suivant, à 8 heures précises, les directeurs et superviseurs de Todd se réunirent dans la spacieuse cafétéria. Les téléphones du bureau étaient gérés par un service de répondeur ; il était important pour Todd que tout le monde soit sur le pont et que les distractions soient réduites au minimum. Le faible bourdonnement des moteurs des distributeurs automatiques se mêla au brouhaha des conversations lorsque Todd entra dans la pièce. Tout le monde le regardait avec impatience et curiosité.

Son mémo de réunion indiquait que le sujet serait «le développement organisationnel». Personne ne semblait vraiment savoir ce que cela signifiait ou ce qu'il fallait attendre de la réunion.

Todd commença simplement :

— J'ai beaucoup réfléchi et lu ces derniers temps, comme vous l'avez peut-être remarqué. Je suis arrivé à des conclusions très originales sur la manière d'organiser l'entreprise.

Il poursuivit :

— Si nous débattons, discutons, et finalement sommes d'accord avec mes conclusions et adoptons mes idées uniques, alors nous aurons quelque chose de très spécial. Si nous débattons et discutons pour finalement laisser les choses telles qu'elles sont, alors nous aurons toujours la grande entreprise que nous avons aujourd'hui. Je veux entamer un dialogue avec cette réunion, et le poursuivre avec d'autres réunions, des discussions en petits groupes ou tout autre format pertinent, parce que je veux que ces idées soient entièrement discutées avant même que nous envisagions la possibilité d'en adopter une ou plusieurs.

Les collègues présents dans la salle hochèrent la tête de manière affirmative. Deborah prit la parole la première :

— Pourquoi ne pas partager quelques détails, suggéra-t-elle. Ça fait un mois que tu partages des bribes d'information avec moi. Vas-y, expose tes idées et donne-nous quelque chose à mâcher.

Todd acquiesça à sa suggestion et se dirigea vers le grand tableau blanc qu'il avait installé plus tôt, prenant un marqueur. En haut, il écrivit **Self-Management**.

— C'est sur ce sujet que j'aimerais dialoguer avec vous, commença-t-il. Ce concept me trotte dans la tête depuis des semaines. J'ai besoin de l'examiner à fond et d'en discuter avec vous. Si j'envisage d'utiliser l'autogestion comme principe d'organisation de l'entreprise, il est impératif que vous tous, en tant que parties prenantes, participiez à cette discussion et soyez engagés.

Il fit une pause pour faire de l'effet.

— Voici pourquoi cette idée m'intéresse. Il y a deux principes de base de l'interaction humaine qui mènent à l'abondance, au bonheur et à la prospérité. Le premier est que personne ne doit utiliser la force contre une autre personne. Le second est que les gens doivent tenir leurs engagements. Le premier principe sous-tend la plupart des lois pénales. Le second principe sous-tend la plupart des lois civiles. Est-ce que quelqu'un n'est pas d'accord avec l'idée que si tout le monde suivait ces deux principes simples, notre monde serait un meilleur endroit où vivre ? Est-ce que quelqu'un ici a été licencié, soumis à la « discipline de l'employé», ou simplement invité à faire quelque chose au travail que vous ne pensiez pas être utile ? Quelqu'un ici a-t-il vu quelqu'un manquer à un de ses engagements au travail, ce qui l'a empêché d'atteindre l'un de ses propres objectifs ?

Todd constata que plus de la moitié de la salle levait la main.

— Qu'est-ce que cela aurait valu si ces personnes avaient respecté votre dignité et votre valeur au lieu de recourir à la force ? Et si vos collègues avaient tenu leurs engagements comme convenu ou renégocié l'engagement ?

Todd vit le groupe hocher la tête pour comprendre le contraste qu'ils envisageaient. Pendant que ses collègues réfléchissaient à la question de l'engagement, il écrivit les mots «**Principes clés de l'autogestion**».

«Pas d'utilisation de la force contre d'autres personnes ou leurs biens.»

— Combien de personnes ici veulent se faire dire quoi faire par un supérieur quand elles viennent travailler tous les jours ? demanda Todd, en levant un sourcil. Quelqu'un ?

Ne voyant aucune main levée, il poursuivit :

— Commander les autres n'a pas tendance à fonctionner dans la vie de tous les jours, n'est-ce pas ?

En pointant du doigt vers Cathy, au premier rang, il poursuivit son enquête :

— Les membres de la famille apprécient-ils qu'on leur dise quoi faire, Cathy ?

En souriant, elle secoua la tête d'un côté à l'autre.

— C'est vrai, parfois l'autorité est nécessaire, poursuivit Todd. Il se peut que vous deviez dire à un enfant de ne pas traverser la rue dans la circulation, et les hommes et les femmes en uniforme se sont volontairement soumis à un environnement de commandement et de contrôle, mais normalement, les adultes n'apprécient pas qu'on leur dise quoi faire s'ils ont déjà une idée de ce qu'ils devraient faire. J'aimerais apporter de sérieux changements à cet égard.

La salle devint très silencieuse.

— Voici ce que je propose, poursuivit Todd. Je veux effacer toute hiérarchie dans cette organisation, en commençant dès que possible. Je sais que certains d'entre vous ont des titres et ont été engagés avec certaines responsabilités pour gérer les autres. Je dois dire qu'il y a eu quelques déceptions à cet égard. C'est pourquoi je propose un changement radical, un changement qui pourrait ébranler cette entreprise jusque dans ses fondements. Étant donné l'ampleur de ce changement, je suis prêt à en discuter, à organiser des réunions à ce sujet et à évaluer vos préoccupations au cours des trois prochains mois. Je tiendrai pleinement compte de vos préoccupations et de vos intérêts. Si vous pensez que ce changement ne vous convient pas, je me plierai en quatre pour vous aider à trouver une situation plus compatible, sans vous causer de perte financière. Tout ce que je demande en retour, c'est que si vous exprimez des préoccupations et des doutes sur le changement que je propose, que ces préoccupations soient aussi claires et précises que possible. Les changements que je propose sont concrets, et j'y ai longuement réfléchi. Les arguments contre le changement devront donc être convaincants - et vous me connaissez assez pour savoir que j'apprécie les faits et la logique.

Todd fit une pause, laissant ses commentaires se répercuter dans la salle.

— Des questions avant que j'expose mes idées ?

Ne voyant aucune objection à poursuivre, il commença à exposer ses arguments.

— Nous semblons avoir contracté un cas de 'titre rampant, observa Todd. J'ai demandé à Teresa de me donner une liste de tous les titres que nous avons dans l'entreprise. Pour une entreprise de seulement cinquante personnes, nous avons certains des titres les plus évocateurs que j'ai jamais entendus. Mon préféré est «Assistant du directeur associé de l'acquisition des produits bruts». Bernie, tu reçois aujourd'hui le prix du titre le plus créatif !

Bernard Walker, le propriétaire du titre, sourit avec un léger sentiment de gêne :

— Je pense que tu fais du bon travail, Bernie, observa Todd. Je ne choisis ton titre que pour illustrer mon propos. Nous avons des personnes qui ont une autorité de commandement sur d'autres, mais tous les conflits personnels majeurs semblent finir sur mon bureau de toute façon. Alors, à quoi sert toute cette autorité de commandement ? J'ai l'impression que tout le monde ici sait déjà ce qu'il est censé faire. Est-ce que c'est vrai, d'après ce que tu sais, Bernie ?

Bernie acquiesça.

— L'autorité de commandement implique l'utilisation ou l'utilisation implicite de la force, dit Todd, en faisant un poing pour exprimer son point de vue. L'implication est la suivante : si je suis votre supérieur, vous devez faire ce que je vous dis de faire. Sinon, j'ai le pouvoir de vous discipliner ou de vous renvoyer pour insubordination, si ce n'est pour autre chose. Puisque j'ai le pouvoir de vous évaluer en tant que sous-ordre, j'ai un certain pouvoir sur votre carrière et sur votre rémunération. Teresa, le langage de l'insubordination est toujours dans ton manuel de l'employé ?

Teresa hocha la tête pour dire oui.

— J'en suis arrivé à la conclusion que l'usage de la force est une mauvaise chose, observa Todd. La force représente une coercition contre une autre personne ou ses biens. Dire à une personne ce qu'elle doit faire au travail quand vous avez le pouvoir d'aider ou de nuire à sa carrière est, en fait, une coercition. J'ai décidé que je n'aimais pas ça. Si votre voie est supérieure à celle de votre collègue, vous devriez être en mesure de le persuader de l'avantage de suivre une voie différente. Si vous n'arrivez pas à le persuader, vous devriez peut-être passer un peu plus de temps à réfléchir aux avantages de votre voie et à la manière de les communiquer de façon persuasive. De plus, comment savez-vous que votre voie est supérieure si vous n'écoutez pas votre collègue expliquer pourquoi il fait ce qu'il fait ?

Le silence dans la salle était palpable, finalement brisé par la voix de Scott Thorsen, directeur de production.

— Je ne peux pas comprendre comment les choses vont se faire dans un tel environnement. Nos clients comptent sur nous pour leur fournir des produits de qualité à un prix compétitif. En tant que directeur de la production, je suis chargé de veiller à ce que cela se produise. Êtes-vous en train de dire que je suis censé influencer et persuader les employés pour faire bouger les choses ? Je ne comprends rien à tout cela.

— Je sais que cela semble radical, Scott, affirma gentiment Todd. Crois-moi quand je dis que j'aimerais vraiment que tu y réfléchisses. Il faut vraiment qu'elle soit bonne, et si elle peut être améliorée par une critique et un dialogue honnêtes, je suis tout à fait d'accord pour la rendre meilleure. Je ne suis pas la source de toute la sagesse humaine, après tout.

Scott hocha légèrement la tête en signe d'accord.

— Réfléchissons à la façon dont les décisions sont prises, poursuivit Todd. Qui est la meilleure personne pour prendre des décisions sur comment, quand, où et pourquoi le travail est fait ?

Il attendit un long moment avant que Maria ne prenne la parole :

— La personne qui fait le travail, évidemment ! s'exclama-t-elle comme si toute autre réponse était absurde.

— C'est ce que je pense aussi, acquiesça Todd. Si quelqu'un a une opinion différente, je pense que cela devrait être un sujet de discussion, plutôt qu'un ordre de faire quelque chose d'autre, ou de faire la même chose différemment. Voici donc ce que je propose. J'aimerais aplanir totalement cette organisation. Pas de titres. Pas d'autorité de commandement. Aucune autorité unilatérale de licenciement, point final, même pour moi. Zéro hiérarchie, aucune, nada, zip, zéro.

Todd était vraiment passionné alors qu'il se lançait dans le coeur de sa proposition.

— Je vois un grand avantage de performance dans ce concept. La liberté est le seul système au monde qui fonctionne vraiment. Je veux que les gens qui travaillent ici, qui se sont, après tout, engagés à travailler au moins quarante heures par semaine - et parfois beaucoup plus - soient libres de faire leur travail au mieux de leurs capacités et de leur savoir-faire professionnel. Dans la mesure où nos employés sont libres de faire leur travail au mieux de leurs capacités, ils sont également libres d'innover pour améliorer encore plus les performances. Chacun pourra discuter de n'importe quoi avec n'importe qui d'autre, quel que soit le domaine ou le processus. Je crois aussi que nous bénéficierons de meilleures décisions, car une personne qui prend une décision, même si elle a de l'expérience et des antécédents exceptionnels, ne peut pas tenir compte de toutes les variables qui doivent être prises en compte dans les nombreuses décisions stratégiques et opérationnelles qui affectent le travail des autres. Il est impératif que les gens se parlent avant de prendre des décisions si celles-ci affectent ou sont affectées par les actions d'une autre personne. Rappelez-vous la situation de l'été dernier, lorsque nous n'avions pas assez de stocks d'emballages pour faire face à notre production additionnelle de spots, c'était une mini-catastrophe qui aurait pu être facilement évitée par une simple communication. Il n'y a vraiment aucune raison pour que de telles situations se produisent. Je pense que l'élimination de l'autorité de commandement unilatérale obligera les collègues à communiquer sur les décisions qui les affectent mutuellement puisque personne n'aura l'autorité de dire à un autre collègue d'accepter un changement sans discussion. Je crois également que cette communication permettra de prendre de meilleures décisions puisqu'elles seront prises avec les meilleures informations disponibles de toutes les personnes concernées. J'ai également décidé que je n'aimais pas le mot «employé». Le mot «employé» est un vestige de l'ère industrielle qui symbolise une personne travaillant pour une autre. La loi fait encore référence aux «maîtres» et aux «serviteurs». Je ne veux pas que les gens ici travaillent pour moi ou pour quelqu'un d'autre. Je veux qu'ils travaillent ici pour la mission et pour leur propre épanouissement personnel. Je propose donc que nous utilisions le mot «collègue» à la place. Selon mes recherches, «Les collègues sont ceux qui sont explicitement unis dans un but commun et qui respectent les capacités de chacun à travailler pour atteindre ce but. »[1] C'est ce que je recherche ici. Respect et but commun. Une autre chose. Je vous considère tous comme des professionnels. Je me moque de ce que le monde extérieur dit au sujet de l'éducation supérieure et des titres de compétences. Regardez Jim Allen, qui gère notre processus d'emballage, par exemple. Jim est un électromécanicien qui a l'expérience des navires de la marine et qui n'a fait qu'un an d'école professionnelle. Pourtant, il est responsable de plus de 5 millions de dollars d'équipement d'emballage ultra-sophistiqué, il prend toutes les décisions d'entretien et d'exploitation dans son secteur et il s'occupe de la main-d'œuvre saisonnière. En ce qui me concerne, Jim est un professionnel dans tous les sens du terme. On pourrait même dire qu'il est le PDG de son propre segment de l'organisation. Il y a probablement de vrais PDG qui n'ont pas les responsabilités de Jim. Vous êtes tous des collègues professionnels, et ne laissez personne vous dire le contraire.

A quelques exceptions près, la plupart des personnes présentes dans la salle hochèrent la tête avec fierté.

---

[1] https://en.wikipedia.org/wiki/Collegiality#:~:text=Collegiality%20is%20the%20relationship%20between,a%20civil%20or%20ecclesiastical%20office.

— L'aplatissement de l'organisation, symbolisé par la suppression des titres, l'élimination de l'autorité de commandement, y compris l'autorité unilatérale de licencier, et la désignation des personnes en tant que «collègues» professionnels plutôt qu'en tant qu'«employés», servira à éliminer les barrières perçues à la communication et aidera à drainer la politique de l'écosystème, du moins c'est ce que j'espère, conclut Todd.

— C'est quoi cette histoire de ne pas pouvoir virer les gens ? demanda Scott à voix haute. Comment pouvons-nous fonctionner si nous ne sommes pas capables de nous débarrasser du bois mort ?

— Quand ai-je dit que nous ne pourrions pas nous débarrasser du bois mort ? répondit Todd immédiatement. Toute organisation doit être en mesure de renvoyer les personnes qui ne souscrivent plus à la mission.

Veuillez noter que je propose d'éliminer l'autorité unilatérale de licenciement, et non l'autorité de licenciement tout court. Et nous ne l'avons pas encore abordé, mais la manière dont les gens sont licenciés est le sujet d'une toute autre réunion.

Todd se rendit compte qu'il allait falloir faire preuve de beaucoup de persuasion pour que Scott accepte l'idée de l'autogestion.

Todd regarda la salle de ses collègues, qui étaient complètement absorbés par la discussion. En regardant à l'extérieur, il ressentit une profonde reconnaissance pour leur travail acharné et leur dévouement à l'entreprise, ainsi que pour le succès que lui et eux avaient connu jusqu'à présent. Il les aimait, eux et leurs familles, et se sentait profondément responsable de créer des systèmes et des structures qui exprimaient sa reconnaissance pour leurs efforts. Il accorda à ses collègues une pause de dix minutes, puis regarda ses notes pour se préparer à la prochaine session.

Lorsque le groupe revint de la pause, Todd se lança dans quelques questions-réponses sur le sujet du respect des engagements, puis passa à l'autre principe clé :

— D'accord. Nous avons beaucoup parlé des dangers de la force et de la coercition, et je pense que nous en avons discuté au point d'être prêts à passer aux engagements. Est-ce que cela convient à tout le monde ?

Ne voyant aucun désaccord, Todd se tourna vers le tableau blanc et dessina deux flèches partant des mots «**Principes clés**». La première flèche s'intitulait «**Pas de recours à la force**», la seconde «**Respect des engagements**».

Respect des engagements

Jody, un membre de l'équipe de vente, prit la parole.

— Je ne veux pas être trop personnelle, mais lorsque j'ai eu besoin de chiffres précis sur les stocks pour assurer à mon client que nous avions le produit dont il avait besoin, mon associé ne m'a pas fourni les chiffres avant qu'il ne soit trop tard, et le client s'est adressé à la marque X. Il m'a assuré qu'il me fournirait les informations avant la fin de la semaine, puis il est parti en vacances sans les envoyer. La perte de ce compte a coûté beaucoup d'argent à l'entreprise. Quand j'en ai parlé à mon supérieur, il m'a dit de ne pas m'inquiéter, que nous finirions par récupérer le client. Le problème, c'est que cela affecte mes chiffres et mon bonus, et ce n'est pas bien. Donc si ce que vous proposez est une meilleure façon de s'organiser pour que les choses soient bien faites, je suis tout à fait pour.

— D'autres réflexions sur l'engagement ? demanda Todd. Sommes-nous d'accord pour dire que le deuxième principe de l'interaction humaine, à savoir que les gens doivent tenir leurs engagements, est un bon principe pour guider le comportement organisationnel ?Alors que tout le monde acquiesçait, Todd profita de ce moment propice à l'apprentissage pour approfondir le sujet.

— Quel autre mot pourrait-on utiliser pour désigner le respect des engagements ?

— Honnêteté ? répondit une personne à l'arrière.

— Fiabilité ? ajouta une autre personne.

Todd fit une pause et fit face au groupe au centre de la pièce.

— Vos réponses sont toutes bonnes, dit-il. Mais je pense à un autre mot qui résonne vraiment avec moi. Il s'agit du mot 'intégrité'.

Le groupe regarda Todd avec attention, écoutant attentivement.

— L'intégrité est étroitement liée à l'honnêteté, poursuivit-il. L'honnêteté, à mon avis, consiste à s'assurer que ce que vous communiquez reflète la réalité. Par exemple, si vous faites état de vos ventes ou de votre production pour un mois donné, le chiffre reflète fidèlement ce qui a été vendu ou produit.

Il fit une pause et parla lentement :

— L'intégrité est l'autre face de la médaille. L'intégrité consiste à tenir ses engagements. Cela signifie s'assurer que vos actions reflètent ce que vous avez déjà communiqué aux autres. Autrement dit, si vous dites que vous allez faire quelque chose, vous le faites. La réalité correspond à vos paroles. Si vous vous présentez comme une personne qui tient ses engagements, vous serez considéré comme une personne intègre.

— Eh bien, il est évident que l'intégrité et l'honnêteté sont importantes, déclara Phil, un manager assis au premier rang. Cela s'applique à tout le monde, partout, tout le temps. Qu'est-ce qui nous rend si uniques pour que nous devions passer du temps à en discuter ? J'ai un produit à fabriquer, et passer du temps dans cette réunion à discuter de choses que nous avons apprises à la maternelle n'aide pas la marge de contribution.

Il s'arrêta et attendit la réponse de Todd.

Todd répondit :

— Tu as raison, Phil. Nous avons probablement tous appris en bas âge qu'il est bon d'être honnête et intègre. Mais que les personnes qui ont été déçues par des associés qui n'ont pas tenu leurs engagements lèvent la main.

La plupart des membres du groupe levèrent à nouveau la main, y compris certains qui avaient hésité à le faire la première fois :

— Sans vouloir mettre quiconque sur la sellette, il me semble assez clair que ce qui devrait être automatique ne fonctionne pas toujours dans la vie réelle. Il semble qu'il y ait un fossé entre la prise de conscience de la vertu de l'intégrité et le respect effectif des engagements sur le lieu de travail. C'est en grande partie l'objet de cette réunion aujourd'hui.

Il semble que nous soyons d'accord pour dire que tenir ses engagements est la bonne chose à faire. Je vais aller un peu plus loin et proposer que le respect de vos engagements crée une valeur économique et vous rend plus précieux en tant qu'individu et l'entreprise dans laquelle vous travaillez.

À ce stade, il capta vraiment leur attention.

— La valeur d'un engagement dépend du niveau de confiance que l'on a dans le respect de l'engagement. Si un stock de fruits bruts n'est pas disponible au moment de la production prévue, que se passe-t-il ? demanda Todd.

— Nous arrêtons la chaîne de production, répondit le groupe avec rapidité et précision.

— Donc, si nos collègues fournisseurs de fruits bruts promettent un stock disponible, et que ce stock n'est pas là au moment voulu, il y a un coût associé à ce manquement à l'engagement, n'est-ce pas ? poursuivit Todd. Puisque nous sommes tous interdépendants, il y a des conséquences à ne pas avoir de stocks de fruits disponibles à temps. Le coût va bien au-delà des dépenses supplémentaires liées à l'approvisionnement en fruits ailleurs. Le coût est l'incapacité de faire fonctionner l'usine pendant la période où les fruits manquent, le coût des travailleurs qui sont payés pour attendre que les fruits arrivent, et je suis sûr que vous pouvez en imaginer d'autres, comme le gaspillage de gaz et d'électricité. Pensez-y de cette façon : si vous supposez que le coût normal des fruits est de 15 $ par tonne, et que le coût des fruits de remplacement est de 20 $ par tonne, vous pourriez être tenté de penser que le coût supplémentaire n'est que de 5 $ par tonne. Mais vous ne tiendriez pas compte de la marge sur coûts variables perdue de 10 000 dollars par heure pour les quatre heures qu'il faudrait probablement consacrer à l'approvisionnement en produits de remplacement pendant que l'usine reste inactive en attendant que quelque chose passe par elle. N'oubliez pas que notre activité est hautement saisonnière et que nous ne pouvons pas faire des heures supplémentaires en hiver pour compenser le temps perdu en été.

Ils hochèrent la tête.

— Ce que je veux dire, c'est que la valeur d'un engagement est proportionnelle à la mesure dans laquelle on peut s'attendre à ce qu'il soit respecté. Que vaut un engagement de la part d'une personne qui ne le respecte pas ? Pas grand-chose. Qu'en est-il d'un engagement sur lequel vous pouvez compter 100 % du temps, et s'il y a un problème, vous pouvez au moins compter sur la personne pour renégocier avec vous ? Beaucoup ?

La salle commença à bourdonner de conversations annexes. Todd savait qu'il avait touché un point sensible et insista sur ses arguments.

— La valeur de l'engagement est un concept crucial pour BerryWay car nous et le monde extérieur sommes si étroitement liés. Par exemple, pour trouver des produits de remplacement, nous ne pouvons pas simplement nous attendre à sortir dans la rue et à héler un taxi tirant une remorque de fruits à vendre. Nous devons appeler notre base de données de fournisseurs de fruits jusqu'à ce que nous trouvions quelqu'un ayant des fruits supplémentaires à vendre, généralement à des prix exorbitants. Ensuite, nous devons négocier les conditions, exécuter les contrats et organiser la logistique et le contrôle de la qualité. Comparé à l'intérêt de disposer de nos propres matières premières, il n'y a rien à redire. Par rapport à la valeur de la disponibilité de notre propre produit brut au bon moment, dans la bonne quantité et au bon prix, le coût de la défaillance de l'approvisionnement est astronomique. J'espère que je me fais comprendre...

Le silence dans la salle lui dit que c'était le cas.

— Pour parler en termes personnels, disons qu'il y a deux directeurs de production identiques, qui gagnent chacun 100 000 dollars par an, mais que le directeur A est fiable à 100 % dans le respect de ses engagements, et que le directeur B ne l'est qu'à 80 %. Le directeur A veille à ce que le service des ventes reçoive toujours le mélange de produits convenu pour nos clients. Le directeur B promet de fournir au service des ventes de la confiture de baies sucrées, ce qui aurait permis de réaliser un bénéfice de 25 000 $, mais il produit à la place de la confiture mi-sucrée (un de ses jours où il n'est pas fiable), qui se vend à une perte de 35 000 $. Je serais tout à fait justifié d'ajuster les salaires et de verser au directeur B moins de 80 % du salaire du directeur A, quel que soit le niveau de rémunération. Ce manque de fiabilité de 20 % nous a déjà coûté bien plus que 20 000 $ - essayez 60 000 $ pour un engagement manqué. Le manque de fiabilité est très coûteux. La fiabilité est extraordinairement précieuse - en fait, elle est précieuse. D'ailleurs, je suis absolument prêt à payer une prime pour une fiabilité éprouvée. Parlons un peu de l'image de marque. Nous avons des marques dont nous sommes très fiers et que nos clients apprécient à leur juste valeur. Qu'apprécient-ils dans nos produits ?

Après quelques secondes de silence, Teresa prit la parole.

— La fiabilité ?

— Les clients apprécient nos marques parce qu'ils savent qu'ils peuvent compter sur nous pour obtenir la même qualité dans chaque pot à un prix raisonnable. Nous sommes fiables. Saviez-vous que chacun d'entre vous possède également une marque individuelle ? demanda Todd.

Mike parla au nom du groupe et dit :

— Oui, il est logique qu'en tant qu'individus nous ayons une marque, surtout après la discussion sur l'intégrité. Nous nous marquons jour après jour par nos paroles et nos actions. Les clients avec lesquels je traite sont très attachés à la marque BerryWay ; elle signifie beaucoup pour eux. Et notre marque personnelle devrait être importante pour chacun d'entre nous.

— Pourquoi est-ce important ? demanda Todd. En dehors du fait que c'est la bonne chose à faire, pourquoi est-il important de se présenter comme une personne intègre, honnête et fiable ?

Il fit une pause en attendant la réponse.

— Parce qu'il est plus facile de faire des affaires avec quelqu'un d'intègre, qui tient ses engagements ? répondit Cathy.

— Exactement ! s'exclama Todd. Le coût des affaires avec des personnes portant la marque de l'intégrité et de la fiabilité est moins élevé, et il est donc plus «rentable» de faire des affaires avec elles. Et devinez quoi d'autre ? Plus il est rentable de faire des affaires avec vous, plus les gens veulent travailler avec vous, et plus vous avez d'opportunités - c'est ainsi que les gens et les entreprises se développent. C'est ainsi que la valeur augmente, commercialement et personnellement.

Todd se dirigea vers le tableau blanc et le contempla pendant plusieurs secondes. Il écrivit «**Autogestion**», suivi de «**Principes clés**», avec des flèches menant à «**Pas de recours à la force**» et «**Tenir ses engagements**». Pour souligner ses points de discussion, il ajouta «**Pas de titres**», «**Pas de pouvoir de commandement**» et «**Pas de pouvoir unilatéral de licencier**», enfin il nota « **Collègues** ». Les premiers points de la liste étaient identiques à ceux qu'il avait conçus quelques semaines auparavant dans sa cabane de la rivière Santiam.

— Je pense que nous avons couvert assez de terrain pour une journée, dit-il avec une note de fatigue.

Todd regarda l'heure, se rendit compte qu'il était en retard pour une réunion du conseil consultatif et partit. La cafétéria bourdonnait de discussions animées. Le processus était lancé. Todd ne pouvait plus faire marche arrière sans subir une grave perte de crédibilité.

Chapitre Quatre
DÉFIS ET CONFLITS

Todd salua individuellement les membres de son conseil consultatif, les remerciant de leur soutien continu, et s'installa dans la chaise d'invité la plus proche de Sean Baker. Il était impatient de partager ses dernières réflexions sur l'autogestion, ainsi que ses impressions sur la réunion des collègues qu'il venait de terminer.

Sean avait été prévenu de la réunion des collègues et en avait informé Sandra et Bill. (Todd avait en fait invité Sean à la réunion, mais Sean estimait que Todd devait être le seul visage de BerryWay auprès de ses collègues). Après avoir brièvement décrit le sujet de la réunion à Sandra et Bill, Sean demanda à Todd comment les choses s'étaient passées.

— Bien, je suppose, répondit Todd. C'est un peu difficile à dire. Il y avait beaucoup de contenu pour une réunion et beaucoup de choses à digérer pour les collègues. Je vais leur donner une semaine ou dix jours pour y réfléchir et revenir avec du contenu supplémentaire. Nous devrons attendre et voir si ces choses sont bien acceptées.

— Des objections franches ? demanda Sandra.

— Scott n'arrivait pas à se faire à l'idée que tous les collègues soient au même niveau et que personne n'ait le pouvoir de commander. Il semblait combiner l'idée de hiérarchie avec celle de faire avancer les choses dans l'usine. Je suppose que c'est une fonction de son expérience des organisations traditionnelles.

— Qu'en est-il des autres cadres supérieurs ? demanda Bill. Est-ce que d'autres dirigeants clés semblaient avoir un problème avec cette approche ?

— En fait, ils ont été plutôt discrets, répondit Todd. A part Scott, il semblait y avoir beaucoup de contemplation silencieuse. Je suppose que les gens essaient de comprendre comment ces changements vont les affecter. C'est ce que je ferais à leur place. Une fois qu'ils auront eu l'occasion de digérer la première réunion, il y aura probablement beaucoup plus de questions. Je serai sûrement nerveux s'il n'y en a pas.

— Quelle est la prochaine étape, Todd ? demanda Sandra. Comment sauras-tu que le changement est possible ?

— Voici mon plan, répondit Todd. Dis-moi ce que tu penses, et ne retiens pas tes inquiétudes. Je n'ai pas de seconde chance pour faire les choses correctement. J'ai déjà mis le feu aux poudres et ça ne fera que s'accélérer à partir de maintenant. J'ai introduit le concept d'autogestion et ses principes clés : pas d'utilisation de la force ou de la coercition et respect des engagements. Il y a plusieurs corollaires à ces principes. Le rejet de la coercition signifie que personne n'a le moindre pouvoir de commandement. Personne n'a le pouvoir unilatéral de licencier quelqu'un d'autre. Chacun sera considéré comme un collègue, et non comme un employé - un vrai professionnel. Cela vaut pour tout le monde, de Scott Thorsen au concierge, y compris moi-même. C'est vraiment stupéfiant quand j'y pense. J'espère sincèrement que je sais dans quoi je m'engage, car il n'y a plus de retour en arrière possible.

— Todd, es-tu en train de dire que tu renonces au droit de licencier qui que ce soit, même si tu es le propriétaire de l'entreprise ? demanda Bill avec incrédulité.

— C'est exact, Bill, répondit Todd. Cela ne fonctionnera pas s'il y a ne serait-ce qu'une seule exception, même si cette exception est le 'propriétaire' de l'entreprise. C'est tout ou rien pour moi. Soit ces principes fonctionnent, soit ils ne fonctionnent pas. Nous allons tous bientôt découvrir à quel point ils fonctionnent. Et tout changement de culture organisationnelle a besoin d'un modèle - je dois être ce modèle pour montrer la voie. Il n'y a pas d'autre approche, à mon avis.

— Comment vas-tu gérer les situations où quelqu'un doit partir, que ce soit pour des raisons de performance ou autres ? demanda Sean au nom du conseil consultatif. Il doit y avoir une méthode pour traiter avec les gens lorsqu'ils ne contribuent plus de manière positive.

Todd avait une réponse toute prête :

— J'y ai pensé, en fait. J'ai conçu un processus de communication et de résolution des conflits qui peut conduire au départ d'un collègue lorsque les faits et les circonstances l'exigent. Je vous enverrai par courriel les grandes lignes de ce processus lorsque je serai de retour à mon bureau.

Sur ce, le conseil d'administration se mit à discuter de projets d'investissement, de stratégie et de planification de la relève, les prochains changements organisationnels étant du ressort de Todd.

Le lundi matin suivant, Todd rencontra Deborah pour revoir certains chiffres du budget de Steve Cameron. Il lui demanda son avis sur la rumeur qui circulait dans l'entreprise au sujet de sa réunion.

— Je pense que les gens sont intrigués mais ont du mal à s'y retrouver, répondit Deborah. Il est vraiment difficile de contester le raisonnement, mais il faut admettre que la plupart des gens ne sont pas habitués à un environnement de travail où il n'y a pas de patron. C'est juste un changement culturel auquel les gens mettent du temps à s'habituer.

— Je pense que tu as mis le doigt sur quelque chose, Deborah, dit Todd. Les gens sont habitués à avoir un patron, et ils en ont un dans un environnement autogéré. Ils sont leurs propres patrons. Au-delà de cela, la mission de l'entreprise est leur patron ; elle doit guider toutes leurs actions au nom de l'entreprise. En outre, chaque engagement qu'ils prennent, et le collègue envers qui ils s'engagent, est leur patron pour cet engagement. Nos collègues auront donc plus de patrons que jamais auparavant dans le cadre de l'autogestion. Je dois juste trouver un moyen de communiquer ce fait pour qu'il soit compris. Deborah, peux-tu demander à Maria, Kyle, Mike, Teresa, Cathy et Scott de me rencontrer dans la salle de conférence à 13 heures ? J'ai besoin d'un feed-back plus franc sur leurs idées concernant la réaction à notre réunion de l'autre jour.

Todd avait toujours apprécié le fait qu'elle respectait systématiquement ses engagements et pensait à la valeur que cela représentait pour lui.

À 13 heures précises, Todd entra dans la salle de conférence et salua ses plus hauts dirigeants. Prenant place en bout de table, il croisa ses mains devant lui sur la table et regarda autour de lui chaque personne, une par une.

— J'ai besoin de votre avis, dit-il. Il n'y a rien de plus important en ce moment que de mettre en place notre organisation et notre culture. J'ai besoin de votre avis honnête pour savoir si cela va fonctionner ou non. Vous n'êtes pas obligé de révéler le nom des personnes à qui vous en avez parlé. Mais j'aimerais savoir quelles sont les préoccupations, s'il y en a, afin d'y être préparé quand elles se présenteront.

Étonnamment, Scott prit la parole en premier.

— J'ai du mal à digérer votre présentation de l'autre jour, dit-il d'un ton sérieux. Après y avoir réfléchi et avoir fait quelques lectures de mon côté, je n'arrive toujours pas à conclure que les avantages de l'autogestion l'emportent sur les risques. Pour l'instant, je suis agnostique sur l'autogestion et j'ai besoin d'en savoir plus. Et d'après ce que j'entends, je pense que la plupart des responsables techniques de la production sont également inquiets.

Todd remercia Scott pour ses commentaires et prit note de passer un peu de temps en tête-à-tête avec lui pour sonder la profondeur de l'inquiétude de l'équipe de production. — Merci, Scott. Je suis inquiet de la réaction de l'équipe de production. J'apprécie tes commentaires et je te promets de travailler dur pour conserver ta confiance à l'avenir. Quelqu'un d'autre ?

— Je suis préoccupée par le service de contrôle de la qualité, proposa Maria. Ils ont organisé de petites réunions à huis clos sur les changements proposés, et je n'ai pas été invitée. Un de mes techniciens de laboratoire a dit que s'ils ne peuvent pas savoir qui est le patron, ils préfèrent travailler pour une entreprise plus compréhensible. Je ne comprends pas totalement leurs préoccupations, mais je soupçonne que la nouveauté de vos idées est un peu plus que ce qu'ils veulent gérer en ce moment, Todd, ajouta-t-elle. Je suis également préoccupée par le fait que Jill, notre meilleure technicienne de laboratoire, pourrait être intéressée par la possibilité de se syndiquer.

Le mot en «S» frappa Todd au front avec la force d'une reconnaissance soudaine. Pour reprendre une métaphore de physique, pour chaque action, il y avait une réaction égale et opposée. Si un collègue percevait son concept d'autogestion comme une menace pour son emploi, qu'elle soit justifiée ou non, il pourrait être persuadé de prendre des mesures radicales. Il prit note d'appeler son avocat spécialisé dans le droit du travail pour obtenir des conseils, et de demander également l'avis de son conseil consultatif. Il avait une liste des «choses à faire et à ne pas faire» dans les années précédentes. Il était temps de la ressortir, de la dépoussiérer et d'obtenir de bons conseils sur la façon de procéder.

Bien qu'il pouvait, à juste titre, être préoccupé par l'éventualité d'une syndicalisation, il devait trouver le courage d'aller de l'avant avec ses principes profonds. Il avait déjà fait tout ce chemin. Il ne sera pas dissuadé de mener ses concepts organisationnels jusqu'au bout.

Mike prit ensuite la parole.

— Je pense que c'est fabuleux, dit-il. Ils n'ont pas besoin que je sois leur patron - ils sont déjà câblés pour aller de l'avant et faire bouger les choses. Au mieux, cela leur donnera une motivation supplémentaire. J'ai hâte de voir comment ils se comporteront en tant que professionnels autogérés. Évidemment, je suis tout à fait d'accord avec vos idées. Du moins, jusqu'à présent !

Le groupe gloussa et fit un signe de tête appréciant la déclaration de soutien de Mike.

Todd regarda les autres membres de son équipe de direction et Teresa prit la parole.

— L'autogestion ne peut que faciliter mon travail, dit-elle. Tant que je ne subis pas de baisse de salaire, je ne pourrais pas être plus enthousiaste. J'aime l'idée que les gens s'occupent eux-mêmes de leurs problèmes personnels plutôt que de les déverser sur les RH !

Kyle regarda Todd et haussa les épaules comme s'il voulait dire «Peu importe», puis il ajouta :

— Je ne vois pas d'effet sur les acquisitions dans un sens ou dans l'autre. Comment tout cela va-t-il changer ? Je dois voir plus de détails pour savoir si vos changements sont bons ou non.

Kyle allait présenter des défis majeurs en matière d'autogestion, se dit Todd.

— Dans l'esprit d'inclusion d'aujourd'hui, je vais te demander de partager ces propositions avec ton équipe et de les mettre au défi de réfléchir aux conséquences potentielles. C'est bon ? demanda Todd.

Kyle répondit à sa question par un silence gênant.

Cathy prit la parole au nom de la Distribution :

— Pas de problème avec l'équipe de distribution, pour autant que je sache, dit-elle. Nous avons eu une réunion d'équipe juste après votre présentation. Tout le monde était enthousiaste au sujet de l'autogestion. La partie sur le fait d'être un vrai professionnel a vraiment résonné avec les gens. Vous pouvez compter sur moi pour communiquer avec l'équipe à ce sujet.

Todd sourit et dit simplement :

— Merci beaucoup, Cathy.

Il jeta un coup d'œil à Deborah, sa plus proche confidente dans l'organisation.

— Eh bien, Deborah, je pense que nous avons gardé le meilleur pour la fin. Qu'en penses-tu ?

Deborah esquissa un sourire rapide, comprenant que Todd connaissait déjà la réponse à sa question.

— Le personnel comptable est tout à fait d'accord avec l'autogestion, dit-elle fermement. Je pense que vous savez que je serais heureuse de promouvoir le processus.

Le groupe s'esclaffa, sachant que Deborah était connue pour travailler soixante heures par semaine afin d'obtenir les bons chiffres.

— Très bien, l'équipe, je sais que vous avez beaucoup de travail à faire aujourd'hui. Je voulais juste obtenir un rapport rapide de votre part sur les changements assez importants dont nous avons discuté. Merci pour votre temps et votre franchise. Je demanderai à Deborah d'organiser une autre réunion avec tout le monde la semaine prochaine. Nous avons encore du chemin à parcourir. Merci encore.

Sur ce, Todd se leva et quitta rapidement la pièce. En sortant rapidement de la salle de conférence, il savait que de sérieux défis l'attendaient. Mais il était plus convaincu que jamais que le changement était nécessaire.

La réunion commença à 8 heures précises, avec une cafétéria pleine et un public attentif. Todd entra par la porte principale et se tint devant le tableau blanc, un stylo à la main.

Todd commença par un chaleureux «Bonjour, tout le monde !»

Le groupe marmonna un «bonjour» en réponse, certains levèrent leur tasse de café avec un signe de tête.

— Nous avons encore du chemin à parcourir aujourd'hui, alors j'aimerais commencer. Avant, y a-t-il des questions qui subsistent de notre dernière réunion ?

Avant que Todd ait fini sa phrase, une demi-douzaine de mains étaient en l'air.

— Ok, Cindy, qu'est-ce qui te préoccupe ? demande-t-il.

Cindy travaillait dans la distribution et était l'une des logisticiennes les plus fines de l'équipe. Chaque fois que quelqu'un avait un problème d'entrepôt ou d'inventaire, elle le résolvait plus vite que quiconque. Todd appréciait la valeur qu'elle apportait à l'équipe et aimait le fait qu'elle était prête à poser des questions. Il savait également qu'elle venait d'un entrepôt syndiqué et qu'elle était habituée à une organisation hiérarchique traditionnelle.

— Je veux savoir comment les employés seront disciplinés dans le nouveau système, dit-elle. Si nous n'avons pas de patrons humains, comment les gens seront-ils tenus responsables ? Comment les gens seront-ils renvoyés ? À moins, bien sûr, que votre nouveau système ne conduise à une sorte de Shangri-La, où tous les êtres humains deviennent par magie de parfaits exécutants.

Todd avait l'intention de parler de cette question et il était heureux que la question de Cindy lui donne l'occasion de le faire.

— Grande question, Cindy. Une question qui préoccupe beaucoup de gens, c'est certain. Permettez-moi de commencer par poser une question : sur une échelle de un à dix, dix étant exceptionnel, dans quelle mesure la discipline des employés fonctionne-t-elle bien actuellement ?

Il fit une pause pendant que les gens réfléchissaient à la question.

— Combien voteraient pour un neuf ou un dix ?

Aucune main ne se leva.

— Et sept ou huit ?

Quelques mains se levèrent.

— Quatre à six ?

La majorité leva la main.

— Je suppose que je dois demander ceci : et un à trois ?

Une fois de plus, quelques personnes levèrent la main.

— Alors, actuellement, très peu d'entre nous pensent que notre système disciplinaire des employés fonctionne extrêmement bien, n'est-ce pas ? Je suis d'accord. Il semble que nous soyons assez loin de la perfection pour le moment. Je serais donc prudent avant de comparer le système que j'ai proposé, et que je vais détailler aujourd'hui, à la perfection. Tout nouveau système, je dirais, ne devrait pas avoir à rivaliser avec la perfection. Il doit simplement être nettement meilleur que ce que nous avons actuellement. Et j'espère que vous me donnerez une audience équitable à ce sujet au fur et à mesure que nous avancerons.

Todd laissa ses mots s'imprégner, puis ajouta :

— Merci pour ta question, Cindy. J'apprécie. Pour maintenir la responsabilité des collègues : Je propose un processus de résolution des différends qui est solide, qui tient compte des besoins de toutes les parties et qui est conçu pour respecter la mission. Cependant, il faut une certaine dose de courage de la part de chacun d'entre vous pour le faire fonctionner. Il faudra du cran. Encore une fois, ce système ne convient peut-être pas à tout le monde, mais si vous prenez l'initiative de vous tenir mutuellement responsables, il a le potentiel de nous rendre tous plus heureux et plus prospères. Voici comment cela fonctionnerait. Si quelqu'un perçoit une action de la part d'un collègue qui ne soutient pas la mission ou qui est contre-productive pour le travail d'autres collègues, il sera obligé de parler directement avec cette personne à ce sujet. C'est un peu comme la devise de l'académie militaire : «Nous ne mentirons pas, ne tricherons pas, ne volerons pas et ne tolérerons pas ceux qui le font». Gardez à l'esprit que nous ne parlons pas seulement de comportements répréhensibles ici. Tout problème professionnel qui se présente et qui, dans la perception d'un collègue, est contre-productif pour l'accomplissement de la mission, peut et doit être discuté avec l'autre collègue dès que possible. Parler nécessite d'écouter. Il est toujours possible que la personne qui perçoit un problème ne dispose pas de tous les faits ou qu'elle se trompe dans sa perception. C'est pourquoi j'aimerais avoir une première discussion en face à face. Obtenez tous les faits et voyez si vos perceptions sont correctes. Voyez si vous pouvez résoudre le problème dès le départ. N'oubliez pas que personne n'a de pouvoir de commandement en matière d'autogestion. Par conséquent, si vous souhaitez qu'un collègue rectifie le tir, il doit le faire sous la forme suivante d'une demande. Faites une demande ! Soyez direct et faites preuve de tact. N'oubliez pas la règle d'or : traitez les autres comme vous aimeriez être traité. Donnez à l'autre personne une chance de répondre. À propos, si quelqu'un demande à vous parler d'un problème professionnel, êtes-vous obligé de l'écouter ? Si vous pensez que ce n'est pas le cas, je préférerais que vous ne travailliez pas ici. Tout le monde ici a l'obligation de communiquer entre nous, même avec ceux avec qui nous sommes rarement en contact. Si un collègue reçoit une demande, il a un certain nombre de choix quant à la façon de traiter cette demande. Tout d'abord, il peut accepter de répondre à la demande et de changer de cap, en supposant qu'il respecte cet engagement - vous vous souvenez du principe clé - il n'y a plus grand-chose à dire. Ou bien ils peuvent proposer un compromis qui satisfasse tout le monde. La troisième option, qui consiste à refuser de répondre à la demande, est plus délicate. Le collègue demandeur doit maintenant faire un choix. Si, après une discussion en tête-à-tête, cette personne est toujours convaincue que la demande est nécessaire, elle a l'obligation de faire appel à un médiateur tiers, c'est-à-dire un autre collègue spécialement formé à la médiation, pour aider à résoudre les différends entre les deux. Et devinez quoi ? Le collègue à qui la demande a été adressée a l'obligation de participer à la médiation, du simple fait qu'il est un collègue de cette entreprise et qu'il a accepté de s'autogérer. Supposons maintenant que les collègues aient discuté du problème avec un tiers et qu'ils ne soient toujours pas d'accord sur une solution : que faire alors ? Je propose que nous fassions appel à un groupe de collègues, pas plus de six, qui s'assoiraient avec les deux parties et parviendraient à une solution. Nos médiateurs, également formés pour faciliter les choses, garderont la discussion sur la bonne voie et s'assureront que tous les faits pertinents sont entendus. J'espère que cette étape est extrêmement rare et que la plupart des problèmes sont résolus avant d'en arriver là. Mais si ce n'est pas le cas, nous aurons certainement mis en place un processus pour y faire face.

— Que se passe-t-il si le panel, le jury ou autre se divise en deux, demanda Cindy. N'y a-t-il pas un risque de blocage ?

— Excellente question, Cindy. J'apprécie que tu la soulèves. Réfléchissons-y un instant. Si nous appelons notre nouveau système l'autogestion, et que nous avons banni la force et la coercition, comment ce groupe doit-il prendre ses décisions ? demanda Todd au groupe.

— Ça ressemble à un jury pour moi, proposa Scott. Le vote de la majorité devrait décider.

— D'autres idées ? demanda Todd.

— Voici ce que je pense, commença Deborah. Je pense que le groupe ne devrait pas avoir plus de pouvoir que les autres pour imposer une solution. Pas de force ou de coercition signifie pas de force ou de coercition. Même si les panélistes sont unanimement d'accord avec le demandeur, l'autre personne n'est pas obligée d'accepter.

Todd sourit, reconnaissant à Deborah d'être venue à son secours pour que l'idée ne vienne pas de lui.

— Je pense que c'est vrai, Deborah. Pas de force signifie pas de force. Persuasion ? Influence ? Génial. Mais pas de force autorisée. Point final.

— Ok, donc les parties ne peuvent toujours pas se mettre d'accord après avoir rencontré un panel. Alors quoi ? demanda Scott, avec de la frustration dans la voix.

— Alors je vais rejoindre le panel, proposa Todd. Nous repartirons de zéro et nous explorerons sans relâche et en profondeur les faits et leur lien avec la mission. Je suis plutôt doué pour l'influence et la persuasion, et je me soucie de la mission - beaucoup. L'étape finale est donc que les deux parties s'assoient avec moi en tant que panéliste supplémentaire et je vais faciliter et servir de gardien de la mission. Si les faits ne sont toujours pas clairs après que j'ai fini de les explorer, qu'il en soit ainsi. Mais si les faits sont clairs, je m'assurerai que les collègues les comprennent et nous resterons dans la conversation jusqu'à sa conclusion. Je veux que le coût de l'évitement et de l'obscurcissement soit si élevé que les collègues ne soient pas tentés d'y aller et qu'ils fassent plutôt tout leur possible pour parvenir à une résolution satisfaisante.

— Ça ressemble à de la coercition pour moi, affirma Scott.

— Vous avez droit à votre opinion, bien sûr, répondit Todd. Encore une fois, aucun système ne sera parfait. Les êtres humains ne sont pas parfaits. En tout cas, je n'ai pas rencontré de personnes parfaites ces derniers temps. N'oubliez pas que pour remplacer notre système traditionnel actuel, nous n'avons pas besoin d'inventer un système théoriquement parfait puisqu'un tel système n'existe pas, mais simplement d'inventer quelque chose qui soit nettement meilleur que ce que nous avons actuellement. Je me souviens que, lors de notre première réunion, personne n'a levé la main lorsque j'ai demandé s'il voulait se faire dire quoi faire chaque jour par un supérieur. Je pense que vous connaissez tous votre propre travail, non ? Quelqu'un a-t-il changé d'avis à ce sujet depuis notre dernière réunion ? N'entendant aucune réponse, et n'en attendant aucune, Todd ressentit un regain de confiance dans le fait que son message était en train de passer, du moins pour la majorité de ses collègues.

— J'aimerais entendre un exemple de la façon dont cela pourrait fonctionner, ajouta Scott, avec une légère trace d'incrédulité dans la voix.

Todd réfléchit quelques secondes et fit claquer ses doigts.

— Ok, travaillons sur un exemple. Supposons que l'un de nos techniciens de laboratoire traverse la zone de traitement et voit une matière étrangère (FM), disons de l'huile de moteur, s'écouler dans le processus de remplissage en même temps que notre produit en cours de remplissage. C'est l'équipe de nuit, et je suis en voyage d'affaires dans l'Est. Comment gérer cette situation en ce moment ?

— Elle me contacterait, que je sois sur place ou non, pour une analyse de la situation, et je prendrais des mesures définitives, répondit Scott.

— Tu ferais un excellent travail pour résoudre le problème, je n'en doute pas, répondit Todd. Mais cela pourrait prendre un certain temps pour te joindre. Pour les besoins de l'argumentation, disons que tu es chez toi, à au moins une heure de route, et que nous produisons 4 000 caisses par heure. Voici comment je vois les choses.

Todd écrivit sur le tableau blanc : Première étape : discussion en face à face.

— Dans un processus de responsabilisation autogéré, poursuivit Todd. Notre technicienne de laboratoire - appelez-la Katie - a tout à fait le droit et, en fait, l'obligation, de s'adresser directement à l'opérateur de la remplisseuse, de lui faire part de ses préoccupations et de lui demander de prendre des mesures pour résoudre la situation urgente sur-le-champ. Disons que sa demande est d'arrêter immédiatement la ligne pendant que Scott est informé et que le contrôle qualité peut analyser des échantillons de produits pour déterminer l'étendue du problème. L'opérateur de la remplisseuse a-t-il une réponse préétablie ? Non. Il - appelez-le Adam - a tout à fait le droit d'accepter sa demande. Il peut la rejeter. Il peut aussi parvenir à un compromis, par exemple en fermant la ligne après avoir informé les autres services en aval du processus. Dans tous les cas, il a l'obligation absolue, dans le respect de la sécurité, d'écouter sincèrement la demande et de répondre honnêtement en fonction des faits et des circonstances. Supposons qu'Adam entende les faits de Katie, qu'il se rende compte qu'elle a raison et qu'il honore sa demande : nous venons de nous épargner un énorme problème. D'un autre côté, disons qu'Adam convainc Katie que ce qu'elle a vu n'était pas vraiment destiné au produit, et la production continue. Là encore, nous venons de nous épargner un énorme problème. Mais disons que Katie a raison, et qu'Adam ne veut pas faire de compromis ou accepter. Katie a alors l'obligation de faire appel à un médiateur, aussi rapidement que possible, compte tenu des risques. Nos procédures de fonctionnement standard exigent qu'elle vous informe, Scott, dès que possible. Donc, pendant que Katie organise la médiation, vous êtes déjà en route depuis chez vous - encore une fois, au moins une heure de route. Adam a déjà accepté le processus de responsabilisation du fait qu'il est un collègue de BerryWay. Ainsi, lorsque le médiateur désigné arrive, dans les dix minutes environ qui suivent, Adam sait qu'il doit avoir les faits exacts. Il étudie donc la situation un peu plus attentivement, se rend compte que ses conclusions ont peut-être été hâtives, puis se rend à la séance de médiation. Après quelques questions pointues du médiateur, Adam conclut qu'il ne peut pas contester l'observation de Katie, et concède le point, fermant la ligne. Nous n'avons perdu qu'un tiers du produit que nous aurions perdu si vous étiez à une heure de route et si nous dépendions de vous pour prendre une décision. Ou Adam peut être têtu, ou souffrir de dissonance cognitive, ou autre chose. Il est donc possible qu'il ignore volontairement les preuves et qu'il fasse obstruction au médiateur. Maintenant, Katie peut commencer le processus du panel de collègues avec l'aide d'un de nos collègues facilitateurs. Évidemment, cela va prendre du temps, et nous avons déjà consommé une demi-heure environ. Mais si Katie a raison et reste sur ses positions, elle poursuivra le processus.

Pendant que ce processus est en cours, il est probable que tu sois déjà arrivé et que tu aies pris le contrôle de la situation, Scott. Lorsque, et non pas si, tu découvriras qu'Adam a été négligent en autorisant la présence du FM dans le produit, et en faisant obstruction à Katie tout au long du processus de responsabilisation, alors tu auras probablement une demande beaucoup plus sérieuse pour lui qui recommencera le processus. Cela pourrait aller dans le sens de lui demander de mettre fin à ses services à BerryWay.

Todd ne put s'empêcher de remarquer l'air perplexe de Scott et demanda s'il y avait d'autres questions. N'en entendant aucune, il poursuivit.

— C'est donc le processus de responsabilisation que je propose, expliqua Todd, tout en écrivant les mots Processus de responsabilisation sur le tableau blanc. Nous avons pris un peu d'avance, mais c'était quelque chose que je voulais couvrir de toute façon, donc c'est bon. Encore une fois, j'aimerais que vous y réfléchissiez pendant quelques jours et que vous reveniez avec vos questions ou vos préoccupations. L'idée n'est pas de vous mettre tout ça sur le dos, d'un seul coup. L'idée est de communiquer et d'expliquer, puis de communiquer encore jusqu'à ce que toutes les questions et préoccupations soient traitées. Vous me suivez jusqu'ici ?

Voyant les têtes hocher la tête pour dire oui, il continua avec le sujet suivant.

— L'élément suivant d'un environnement autogéré est ce que j'appellerai une culture du coaching et du mentorat.

Écrivant les mots sur le tableau blanc, Todd commença :

— Quelqu'un sait-il de quoi je parle ?

Maria leva la main et dit :

— Je pense que cela a à voir avec le fait de s'aider mutuellement à se développer et à être performant au travail. Je ne vois pas d'autre description.

— Tu ne pourrais pas avoir plus raison, Maria, répondit Todd. C'est exactement ce dont je parle ici. Au fait, quelqu'un sait-il ce que signifie exactement la culture d'entreprise ?

La salle resta silencieuse.

— Voici ce que je pense que cela signifie.

Il prit le stylo du tableau blanc.

— Je pense que cela a à voir avec des hypothèses partagées sur le travail et le lieu de travail. Des hypothèses dont vous n'êtes peut-être même pas conscients. Par exemple, est-ce que quelqu'un ici travaille strictement quarante heures par semaine ?

La cafétéria gazouilla de rire.

— C'est une blague, interrompit Mike. Nous travaillons tous au moins quarante-huit heures et parfois beaucoup plus.

— C'est un bon exemple, Mike, remarqua Todd. Tout le monde ici soutient des heures de travail assez importantes, surtout en été.

Pourquoi faisons-nous cela, et ne nous contentons-nous pas de nous coucher après nos huit heures ?

— Parce que nous échouerions tout simplement, déclara Cathy. Si notre équipe a un ordre à transmettre à un entrepôt juste avant l'heure de la fermeture, vous pouvez être sûrs que nous le ferons passer avant tout le reste. Il est clair pour nous tous que les clients paient les factures et rendent notre travail possible. Ne pas servir le client serait tout simplement impensable. Surtout pour l'équipe de distribution, qui reçoit toutes les plaintes des clients.

— Excellent commentaire, Cathy, dit Todd. Quels sont les autres aspects de notre culture chez BerryWay ?

— Que diriez-vous de la camaraderie et de l'esprit de corps ? demande Deborah. Il semble que nous ayons un groupe assez formidable de personnes coopératives ici. Nous essayons généralement de faire ce qu'il y a de mieux pour nos parties prenantes, et, en général, les gens semblent plutôt heureux d'être ici.

— Bien, Deborah. Autre chose ?

Todd passa les quinze minutes suivantes avec le groupe à dresser une liste des aspects culturels de BerryWay. Lorsque le groupe eut terminé, voici la liste à laquelle il était parvenu :

Dévouement
Volonté de travailler de longues heures
Serviabilité
Confiance
Camaraderie
Intégrité
Honnêteté
Communication ouverte
Diversité d'opinions
Respect
Sensibilité aux sentiments
Enthousiasme
Conversations difficiles évitées
Conflits non résolus

— Donc, en regardant ce tableau, quels sont les aspects culturels que vous aimeriez voir plus nombreux et ceux que vous aimeriez voir moins nombreux ? demanda Todd au groupe.

— Eh bien, il est assez évident que nous aimerions voir plus de tout, sauf les deux en bas, répondit Maria. J'aime à penser que la plupart des gens sont d'accord avec moi.

— Merci, Maria. C'est un bon point. Maintenant, y a-t-il des aspects de la culture que nous n'avons pas actuellement et que vous aimeriez voir sur notre lieu de travail ? poursuivit Todd.

— Eh bien, j'aimerais voir plus de flexibilité, nota Kyle. Cela n'a pas de sens de nous obliger à être physiquement présents dans l'usine alors que nous pouvons être tout aussi productifs, voire plus productifs, en travaillant depuis chez nous.

— Tu as raison, Kyle, admit Todd. J'ai toujours été un peu biaisé en faveur de la présence physique sur le lieu de travail en raison de la nécessité d'une communication constante entre collègues. A titre d'exemple, commençons à dresser une liste et je vous promets que je m'engage à faire de ce lieu de travail le meilleur possible pour tout le monde.

Pendant les quelques minutes qui suivirent, le groupe réfléchit aux aspects culturels qu'il aurait aimé cultiver chez BerryWay. Voici la liste qu'ils dressèrent :

Flexibilité
Accent sur le développement professionnel et les parcours de carrière
Un leadership plus fort dans l'entreprise
Un travail d'équipe plus fort
Responsabilité
Mentorat
Liens plus étroits entre les départements (moins de silos).

— Superbe liste, les gars, dit Todd en appréciant. Cela nous donne une bonne direction à suivre. Maintenant, nous avons des choses à renforcer, des choses à éliminer et des choses à adopter. Une autre question sur la culture : Quels sont les artefacts de notre culture ? Todd voulait savoir à quel point ses collègues étaient observateurs.

— Nous avons une politique de livres ouverts, grâce à vous et à Deb, nota Maria. Cela semble être un indicateur de notre aspect culturel de communication ouverte.

—Tu as raison, Maria, dit Todd. Quelqu'un d'autre ?

—En plus des livres ouverts, il y a des portes ouvertes, ajouta Scott. À moins qu'il ne s'agisse d'une affaire de personnel, d'une réunion avec Steve Cameron ou d'un représentant des autorités de réglementation, tout le monde a toujours une porte ouverte. Bien sûr, cela peut être un tueur de productivité géant si vous essayez de travailler et que quelqu'un veut raconter la dernière blague politique. En voici une autre : nous n'avons qu'une seule cafétéria pour tous les employés - pardon, les collègues - qu'ils soient saisonniers ou salariés, un seul ensemble de toilettes, et nos bureaux administratifs et commerciaux sont juste à côté de l'usine. Je pense que cela symbolise une sorte d'égalitarisme.

— Et pourquoi pas des yeux injectés de sang comme un artefact du dur labeur ? dit Cathy en riant.

— Bien. Je pense que vous avez compris l'idée de la culture, dit Todd. Je veux que vous compreniez cela parce que ce que j'aimerais proposer comme système de soutien à l'autogestion, c'est l'adoption d'une culture de coaching et de mentorat. J'aimerais que tout le monde ici ait accès à des services de coaching, à la fois pour améliorer votre efficacité au travail et pour vous aider à définir votre parcours professionnel et vos relations. J'ai appris à connaître les retombées du coaching et elles sont phénoménales. J'aimerais adopter un programme de mentorat officiel pour tous les nouveaux employés, et ce dès que possible. Il n'y a aucune raison pour que les nouveaux collègues aient à essayer de comprendre leur travail, une nouvelle culture et cinquante nouveaux coéquipiers en même temps. Je veux également vous former tous à devenir des coachs sur le lieu de travail, afin que vous puissiez vous entraider de manière positive. Mon idée est d'utiliser une culture de coaching et de mentorat pour faire trois choses : premièrement, aider les gens à devenir plus efficaces ;

deuxièmement, soutenir et aider l'autogestion ; troisièmement, corriger les éléments de la culture que vous voulez corriger. Nous avons déjà une excellente culture, mais elle n'est pas aussi bonne qu'elle pourrait l'être. Il n'y a aucune raison pour que nous ne puissions pas l'améliorer. La culture est forte et puissante. J'aimerais la mettre au service de nos objectifs et faire en sorte qu'elle travaille pour nous et non contre nous. Qu'en pensez-vous jusqu'à présent ?

Le silence de la cafétéria n'était rompu que par le bourdonnement omniprésent des moteurs des distributeurs automatiques.

— Merci d'avoir été attentifs pendant ces deux réunions, dit Todd, en prenant une gorgée d'eau en bouteille pour s'éclaircir la gorge. J'ai juste quelques concepts supplémentaires à couvrir. Un grand concept, en fait. Faisons une pause de quinze minutes et revenons ensuite pour continuer.

Alors que les personnes présentes dans la salle se dispersèrent pour prendre des beignets et du café ou rattraper leurs messages vocaux, Todd se tourna vers Deborah et lui demanda :

—Comment penses-tu que cela se passe jusqu'à présent ?

Elle répondit :

— Il est difficile de lire dans les esprits, mais ils étaient certainement engagés. Tu as eu beaucoup de participation. J'ai vu beaucoup de têtes hocher la tête de haut en bas, et je pense que tu as très bien fait passer vos idées. Je suis préoccupé par Scott, cependant. Quand je pense à ses commentaires lors de la réunion de direction tout à l'heure, et à ses objections au processus de responsabilisation, j'ai l'impression qu'il n'adhère pas à l'autogestion.

— Je vois ce que tu veux dire, Deborah, répondit Todd. J'ai du travail à faire avec lui. Sans garantie sur les résultats.

Il se résigna à l'idée que tout le monde ne serait pas d'accord avec le concept d'autogestion et se dit que c'était bien ainsi à long terme. Le court terme pourrait cependant lui infliger une certaine douleur.

— Je suis également intéressée par la réaction de Kyle, lui dit Deborah. Il n'a pas l'air d'être engagé du tout. C'est étrange, comme s'il n'était même pas dans la réunion.

Todd pinça les lèvres, réfléchissant mais ne répondant pas. Il était temps de terminer la réunion.

— Ok, abordons les derniers sujets de la journée, dit Todd, en écrivant le mot Liberté sur le tableau blanc. Qui veut essayer d'expliquer pourquoi cela peut être important, souhaitable, nécessaire pour l'autogestion ?

— Parce que c'est le seul moyen de satisfaire les désirs les plus profonds du cœur humain de créer, de donner de la valeur aux autres, de laisser un héritage, proposa Teresa. C'est la façon dont les êtres humains sont câblés. Nous voulons avoir notre mot à dire dans ce que nous faisons. Personne ne connaît notre travail mieux que nous. Et nous devrions avoir une grande liberté pour chercher de manière responsable à nous améliorer et à améliorer les autres au travail.

La salle fut plongée dans un silence complet, les collègues se tournant vers Teresa et la regardant. Tous respectaient son intelligence et sa chaleur, mais peu avaient une idée de la profondeur de sa sagesse. Le silence se maintint dans la pièce pendant plusieurs secondes avant que Todd ne le rompe.

— Merci, Teresa. Je ne pense pas que quelqu'un aurait pu le dire mieux que ça. Je pense qu'il y a aussi des avantages très pratiques à la liberté au travail, dit Todd. Prenons une entreprise qui pratique une véritable autogestion avec une liberté responsable. Et si l'un de nos concierges avait beaucoup d'ambition, qu'il étudiait la thermodynamique et les mathématiques au cours du soir, et qu'il parlait de nos équipements aux électromécaniciens pendant les pauses et les déjeuners ? Appelons-le James. Disons qu'il a étudié et parlé, et parlé et étudié, pendant trois ou quatre ans. Quatre ans plus tard, James possède suffisamment de connaissances techniques pour suggérer une reconfiguration de la ligne de traitement qui augmente le débit de 40 %. Il crée une proposition de projet, la vend en interne, l'étaye avec des faits et des données, la fait approuver par moi - et ça marche à merveille ! Maintenant, James occupe un poste d'électromécanicien. En tant qu'électromécanicien, il étudie les autres parties de l'entreprise. Il suit des cours du soir et apprend la logistique, la comptabilité, les ventes et le marketing, les ressources humaines et l'informatique. Il passe du temps sur le terrain et apprend le processus d'acquisition en amont et en aval. Il suit des cours de leadership et finit par être accepté dans le programme local de MBA. Il se porte volontaire pour presque tous les groupes de travail et comités de collègues, ainsi que pour les visites de clients. Après quelques années d'études, excellant en tant qu'électromécanicien et en tant que MBA fraîchement diplômé, il élabore un plan stratégique pour lancer une toute nouvelle entreprise avec une toute nouvelle gamme de produits et de nouveaux marchés. Il étaye son plan avec des faits et des données inattaquables et le vend aux principales parties prenantes potentielles, à commencer par moi. Il a le potentiel de dépasser les revenus de BerryWay et de générer des marges bénéficiaires encore plus élevées. James et moi convainquons Steve Cameron de nous prêter le capital de construction et les lignes d'exploitation pour lancer une nouvelle entreprise. Voici ma question : Qui vais-je choisir pour diriger la nouvelle entreprise ?

Todd savait que ses collègues connaissaient déjà la réponse.

— Dans un environnement de liberté, vous savez mieux que quiconque comment faire votre propre travail, et vous devriez être libre de l'améliorer. Dans un environnement de liberté, vous devriez pouvoir parler à n'importe qui dans l'entreprise de tout ce qui a trait à l'entreprise. Dans un environnement de liberté, il ne devrait y avoir absolument aucun obstacle à la poursuite de votre mission et de la mission de l'entreprise au mieux de vos capacités. Enfin, dans un environnement libre, il ne devrait y avoir aucun obstacle à ce que chacun d'entre vous devienne ce qu'il souhaite être, conclut Todd. Je veux voir un lieu de travail où chacun peut réaliser ses rêves, quels qu'ils soient, quelle que soit sa position.

— Eh bien, si ce n'est pas assez bien pour eux ici, ils sont déjà libres, opina Scott. Ils sont libres de partir !

Quelques participants gloussèrent à ce commentaire.

— Pourquoi quelqu'un aurait-il besoin de plus de liberté que cela ? poursuivit-il.

Todd fixa Scott du regard et répondit lentement et fermement.

— Parce que la liberté sur le lieu de travail est le moyen le plus efficace et le plus rentable de fonctionner, et parce que c'est la façon dont les gens vivent réellement dans leur vie personnelle. Faisons une pause et revenons à 13 heures. Il y a encore quelques choses à discuter, puis nous aurons fini pour la journée - je vous le promets.

Alors qu'il prenait un sandwich et un café avec Deborah et Mike, le téléphone portable de Todd se mit sonner. Il le décrocha et écouta un moment avant de marmonner «Merci», le regarder, puis regarder ses compagnons.

— Teresa va devoir recruter un autre chef d'équipe, dit-il avec un ton de résignation dans la voix. C'était Kyle. Il vient de démissionner, ainsi que trois de ses as du département terrain. On dirait qu'il y a une réaction à nos réunions d'autogestion.

Todd commença la réunion avec la nouvelle, annonçant aux collègues assemblés que Kyle avait choisi de ne plus faire partie de l'équipe. Un silence inconfortable s'abattit sur la salle, rappelant aux gens qu'ils s'occupaient d'une affaire très sérieuse ayant des répercussions importantes sur leur vie professionnelle.

Il était évident pour tous que Kyle n'était pas engagé dans la discussion sur l'autogestion et qu'il n'avait montré aucun enthousiasme pour le processus. Sa démission au milieu de la journée pendant une réunion de l'entreprise fut un peu déconcertante pour la plupart des collègues qui travaillaient avec lui.

Il sera intéressant de voir comment le téléphone arabe traiterait la nouvelle dans les prochaines quarante-huit heures, se dit Todd.

Il se rendit également compte que même s'il encourageait l'idée de l'autogestion, tout le monde n'allait pas voir les choses comme lui. Chaque individu allait arriver à ses propres conclusions sur l'autogestion.

— Il y a encore quelques éléments que je voudrais mettre sur la table avant d'en finir avec cette journée, nota Todd. Tout d'abord, je veux savoir comment vous vous situez par rapport à la mission de BerryWay.

Il avait formulé lui-même la mission de l'entreprise lorsqu'il l'avait créée, sans l'aide de personne. Il s'agissait maintenant de savoir si elle trouvait un écho auprès de ses collègues. Il y avait des plaques accrochées partout dans l'établissement qui affichaient la mission.

Si elle n'était pas inscrite dans l'esprit et le cœur des collègues qui y travaillaient, elle ne valait rien.

Todd montra l'une des plaques de mission de l'entreprise : «Notre mission est de produire des produits alimentaires provenant de la Willamette Valley qui ravissent les clients en Amérique du Nord et dans le monde entier.»

— Alors, comment cela sonne-t-il pour vous ? demanda-t-il au groupe. Cela vous donne-t-il envie de venir travailler tous les jours ?

Quelques rires gênés suivirent.

— La plupart d'entre vous ont été embauchés avec une description de poste qui contenait la mission. Qu'en avez-vous pensé à l'époque ?

— Je l'ai trouvée géniale, répondit Mike. C'est quelque chose qui m'a motivé et attiré dans cette entreprise. En fait, je le lis tous les jours et j'y pense lorsque je parle aux clients. On en plaisante d'ailleurs, du genre «Que puis-je faire pour vous ravir aujourd'hui ?

— Ok, c'est bien, répondit Todd. Voici ce que j'aimerais faire. Puisque nous commençons une nouvelle ère ici, j'aimerais que de nouveaux yeux se penchent sur la mission - un groupe de travail de volontaires autogérés, si vous voulez. La mission est essentielle à l'autogestion. Elle répond aux questions «Pourquoi existons-nous ?» «Pourquoi sommes-nous ici ?» et «Quel est notre but ?». Je pense que la mission devrait guider les actions de chacun d'entre nous et jouer un rôle essentiel dans la résolution des conflits. Elle doit également exprimer notre valeur aux yeux de nos parties prenantes. C'est dire l'importance de la mission. Des volontaires pour examiner celle-ci ?

Todd vit plusieurs mains se lever, dont celles de Teresa et Mike, ce qui le ravit.

— Merci. Veuillez vous réunir et voir ce que vous pouvez trouver pour nous. La mission, outre le fait qu›elle est notre refuge, peut nous éviter des ennuis. La plupart d›entre nous ne sont pas assez âgés pour se souvenir du président Eisenhower, n›est-ce pas ? Est-ce que quelqu›un sait quelle était sa grande mission avant de devenir président ?

Remerciant silencieusement son professeur d'histoire du lycée, et ne voyant aucune main, il poursuivit.

— Il avait un titre plutôt impressionnant sur sa carte de visite : Commandant suprême des forces alliées. Que dites-vous de ce titre ? Et il avait une mission claire - simple à formuler, difficile à remplir. Sa mission était simplement la suivante : Entrer sur le continent européen et détruire l'armée du Troisième Reich. Le président Roosevelt lui avait promis des ressources illimitées afin d'accomplir la mission, mais l'accomplissement de la mission dépendait de lui. Il y avait eu de nombreuses distractions en cours de route - de la part des alliés comme des ennemis - mais Ike s'en était tenu à sa mission. Il y avait mis tout son cœur et toute son âme et avait finalement réussi. C'est l'un des meilleurs exemples de réussite grâce à une mission clairement définie. Pourquoi venez-vous travailler ici tous les jours ? Si la réponse n'est pas immédiatement claire pour vous, alors il est temps de commencer à réfléchir à la mission et à votre mission personnelle. Pouvons-nous demander au groupe de travail sur la mission de commencer à se réunir immédiatement et de nous faire un rapport le mois prochain ?

Les volontaires acquiescèrent.

— L'autogestion nécessitera également un ensemble de valeurs et de principes fondamentaux, poursuivit Todd. Nous avons déjà parlé d'un processus de résolution des conflits, et ce sera l'un des principes. Cependant, nous aurons besoin de plus que cela pour donner vie à l'autogestion. Quelles sont donc nos valeurs ?

— Ne suivraient-elles pas naturellement les choses que nous voulons voir dans notre culture, que nous avons déjà identifiées ? demanda Teresa. Il semble qu'elles soient fondamentalement les mêmes.

— Bon point, répondit Todd. Saisissons-en quelques-unes et voyons comment elles se présentent. Quelles sont nos valeurs fondamentales ici ?

Todd écrivait pendant que ses collègues criaient leurs pensées. Voici la liste à laquelle ils parvinrent :

Initiative
Travail d'équipe
Dévouement

Serviabilité
Confiance
Amusement
Intégrité
Honnêteté
Ouverture Tolérance
Bienveillance
Trouver une opportunité dans le conflit
Enthousiasme
Flexibilité
Responsabilité
Efficacité et efficience supérieures
Hautement innovant
Accords gagnant-gagnant

— Qui a suggéré les «accords gagnant-gagnant», déjà ? demanda Todd.

David, un collègue junior en logistique, leva timidement la main.

— Peux-tu expliquer pourquoi c'est important ? demanda Todd.

— Eh bien, si un accord n'est pas structuré pour être au moins compétitif par rapport aux autres options de chaque personne, ou s'il favorise une personne par rapport à l'autre, il crée de l'insécurité. L'une des deux personnes cherchera toujours la porte de sortie, et cela nuira à leur relation. Un bon accord doit toujours être gagnant-gagnant pour fonctionner à long terme, conclut David.

— Excellente observation, David, répondit Todd. Je te suggère de participer au groupe de travail que je vais solliciter. Cathy, tu as proposé l'expression «trouver une opportunité dans un conflit». Que voulais-tu dire par là ?

— Eh bien, si vous regardez le symbole chinois du conflit, il se compose de deux caractères, répondit-elle. L'un des caractères représente le danger - pour la relation, pour l'équipe, peut-être pour l'entreprise elle-même. L'autre caractère représente une opportunité, une chance de rendre les choses encore meilleures qu'elles ne l'étaient auparavant. Je crois que le conflit est inévitable. On ne peut tout simplement pas diriger une famille - et encore moins une entreprise - sans conflit. La question essentielle pour les personnes impliquées dans un conflit est de savoir comment le conflit est géré. Lorsque les parties gèrent bien un conflit de manière à ce que tous les intérêts soient pris en compte, il y a une possibilité de croissance personnelle et professionnelle. C'est ce que je voulais dire.

— C'est formidable, Cathy, dit Todd. Merci pour ce partage. Maintenant, voici ma dernière requête de la journée. Pouvons-nous demander à des volontaires de se réunir au cours du mois prochain pour rédiger une déclaration de valeurs et de principes qui intègre le processus de responsabilisation ?

Cette fois, tellement de mains se levèrent que Todd ne put les compter. Le processus commençait à intéresser les gens. Todd s'inquiétait encore de savoir s'il y avait d'autres Kyle dans le groupe qui cherchaient une porte de sortie, mais pour l'instant, l'enthousiasme et l'intérêt pour l'autogestion commençaient à se développer.

— Voici ma suggestion, dit Todd avec un sourire. Dans l'esprit d'une véritable autogestion, je vais suggérer que quiconque est intéressé par l'élaboration d'une déclaration de valeurs et de principes au cours du prochain mois s'engage avec d'autres autogestionnaires ici présents à se réunir volontairement et à la réaliser ! Vous entendrez bientôt parler de certains outils et techniques sur lesquels j'ai travaillé pour faciliter l'autogestion. Nous devrons mettre en place des accords entre nous, afin de savoir ce que nous devons attendre les uns des autres en termes de flux d'informations et de résultats. Appelez-les «accords de responsabilité entre collègues» pour l'instant. Nous aurons également besoin d'indicateurs clés de performance pour mesurer et suivre nous-mêmes nos performances, puisque nous n'aurons pas de patron pour le faire à notre place. Vous obtiendrez plus d'informations à ce sujet plus tard. C'est tout ce que j'ai pour l'instant ; nous nous réunirons le mois prochain pour poursuivre le processus. Merci d'avoir participé aujourd'hui.

Scott se leva et s'adressa fermement à Todd.

— Une dernière question avant de partir. Vous semblez suggérer que nous sommes en train d'innover ici. Je suppose que je ne vois toujours pas où est le problème. Dans mon ancienne entreprise, nous avions un programme de responsabilisation des employés qui semblait bien fonctionner. Les boites à idées étaient plus remplies que jamais, et les gens semblaient plus heureux, du moins pendant un certain temps. Quelle est la différence entre ce que nous faisons et la responsabilisation des employés ?

Anticipant ce commentaire, Todd s'était préparé avec assurance.

— Parce que, Scott, le terme «responsabilisation des employés» implique qu'une personne transfère le pouvoir à une autre personne. Dans le monde réel, ce qui est donné peut être retiré. Dans l'autogestion, les collègues ont déjà tout le pouvoir dont ils ont besoin pour réaliser tout ce qu'ils veulent dès le moment où ils commencent à travailler. L'autogestion va au-delà de l'autonomisation. L'autogestion est le pouvoir lui-même.

Sans attendre de réponse, Todd remercia à nouveau le groupe et partit rapidement.

CHAPITRE CINQ
ARC À PLUSIEURS FLÈCHES

Le lundi suivant, Todd rencontra à nouveau son conseil consultatif. Ils étaient impatients de connaître les progrès de l'autogestion chez BerryWay. Todd et Sarah avaient pu partir en week-end et échapper à la pression des responsabilités professionnelles. Todd ressentait maintenant le besoin de se décharger sur son équipe de conseillers et d'obtenir leur avis sur la mise en œuvre.

— Alors comment ça va, Todd ? demanda Sandra avec un sourire. Je vois que les livraisons à Synergy ont atteint un niveau record le mois dernier. Vous avez une excellente réputation dans notre salle de conférence, c'est certain, et la qualité a été superbe. On dirait que vous êtes vraiment en train de frapper sur tous les cylindres.

— Eh bien, j'aimerais pouvoir être optimiste, Sandra, répondit Todd. Je suis tout à fait satisfait de la façon dont nous atteignons nos objectifs commerciaux. Mais j'ai le sentiment tenace et bien justifié que nous ne faisons pas aussi bien que nous pourrions le faire.

— Comment l'idée de l'autogestion se passe-t-elle avec tes employés - je veux dire, tes collègues, Todd ? demanda Sean, l'air sérieux. C'est un changement assez important. Tout le monde est d'accord ?

— Je ne peux pas dire honnêtement que tout le monde est d'accord, Sean, répondit Todd. Je ne peux pas en être sûr. Je suis presque sûr que mon chef de production,

Scott, ne comprend pas, et tu as déjà entendu parler de Kyle. Même si Kyle est parti avec trois autres managers, je suis sûr que Teresa sera capable de trouver d'excellents remplaçants. En fait, elle est en train de parler à plusieurs candidats en ce moment même. C'était vraiment bien d'avoir ces modèles de compétences rigoureux et ces descriptions de postes prêts. Je pense donc que le risque commercial est minime. Nous avons suffisamment de temps avant la saison pour régler tout ça. J'ai senti une nette évolution en faveur du concept d'autogestion lors de notre dernière réunion de collègues. De nombreux volontaires ont proposé leur aide pour rédiger les énoncés de mission et de vision. J'ai pris cela comme un signe très positif. J'ai cependant une inquiétude très sérieuse. Le bruit court qu'une campagne de syndicalisation est en préparation. Je ne peux pas dire avec certitude qui est impliqué ; cela pourrait provenir du département du contrôle de la qualité. Un mal de tête de plus à gérer, comme si essayer de changer toute la culture et la mentalité de l'entreprise n'était pas suffisant.

Les yeux injectés de sang et le comportement fatigué de Todd trahissaient les heures supplémentaires qu'il avait passées à essayer de faire comprendre les avantages de l'autogestion.

Bill, qui avait écouté en silence, prit finalement la parole.

— Je sais exactement ce que c'est que de vivre une campagne, dit-il. J'ai le numéro de téléphone d'un excellent cabinet d'avocats pour toi. Tu dois te mettre à niveau, ainsi que tes principaux dirigeants - toute personne qui pourrait être considérée comme un «superviseur» selon la loi, afin de ne pas donner de munitions au syndicat. Tu dois faire les choses correctement. Lorsque tout est dit et fait, si tu communiques ton message correctement, tout ira bien. C'est juste dommage que ça arrive alors que tu essayes de mettre en place le changement.

Todd esquissa un demi-sourire de gratitude envers Bill et le remercia pour ses conseils.

Après la discussion de Bill avec Todd, les parties se lancèrent dans une conversation de deux heures sur les audits, le recrutement et les questions financières.

Todd se pencha finalement en arrière et demanda.

— D'autres idées pour moi avant de retourner au combat ?

— Juste une, proposa Sean. Maintenant que tu es dedans jusqu'au cou, n'abandonne pas et ne ralentis pas. Vas-y à toute vitesse, ou tu t'enliseras tellement que tout coulera. Nous comptons sur toi pour faire un excellent travail, Todd. Bonne chance et n'hésite pas à appeler à l'aide.

Todd acquiesça, remercia son conseil d'administration avec reconnaissance et se remit au travail.

Le lundi suivant, Todd rencontra Deborah à son bureau.

— Nous approchons de la prochaine réunion de collègues pour discuter de l'autogestion, dit-il. Avec tout mon réseautage et mes études, j'en suis venu à la conclusion qu'il nous manque quelques cordes à notre arc. Nous devons mettre en place certaines ressources pour que les gens puissent s'autogérer efficacement. J'aimerais vraiment rebondir sur tes idées et celles des autres dirigeants ici présents, afin de ne pas proposer des idées qui ne sont pas au point. J'aimerais qu'elles soient au moins aux trois quarts cuites.

— Qu'est-ce que vous aviez en tête, Todd ? demanda Deborah.

— Je pense que nous devons créer un système de travail qui reproduit, autant que possible, le sentiment d'être réellement propriétaire d'une entreprise. Je suis le «propriétaire», et pourtant je ne possède pas vraiment quoi que ce soit si tu y réfléchis. La banque détient la dette à long terme et je ne suis que l'intendant désigné du capital pour le moment. Si je ne parviens pas à rentabiliser ce capital, la société finira par me retirer ces actifs pour les donner à quelqu'un d'autre qui pourra les rentabiliser. Je ne peux pas plus partir et faire autre chose. J'ai des garanties personnelles envers les prêteurs, des engagements personnels envers mes collègues, sans parler de ma passion pour la création d'une entreprise extraordinaire. Je ne me plains pas, vraiment ; j'aime ce que je fais.

Je ne me plains pas, vraiment ; j'aime ce que je fais. Je pense vraiment que nos collègues, s'ils peuvent faire l'expérience de la même rigueur économique et juridique que celle à laquelle je suis confronté chaque jour, seront beaucoup plus à même de s'autogérer et de créer la prospérité et le bonheur pour eux-mêmes. Voici ce que j'aimerais que tu fasses au cours de la semaine prochaine, Deborah. Prends contact avec Heather Kay, notre avocate d'affaires, et travaille avec elle pour rédiger un document simple - pas plus de quelques pages - que nous intitulerons «Accord de responsabilité entre collègues». C'est ce que j'ai mentionné l'autre jour lors de la réunion. Je veux que chaque collègue ait un accord explicite décrivant son «contrat» en tant que collègue chez BerryWay. Lorsque notre groupe de travail élaborera la mission, la vision et les principes définitifs, je veux qu'ils soient inclus dans cet accord. Je veux également que chaque collègue ait une mission individuelle, totalement alignée sur la mission de l'entreprise, afin que chacun sache exactement pourquoi il est ici et quels résultats on attend de lui. Je veux également dresser la liste des processus opérationnels dont ils sont responsables, dans les moindres détails, ainsi que les mesures de performance que nous pouvons y associer.

Todd passa l'heure suivante à expliquer à Deborah ce qu'il recherchait dans l'accord de responsabilité des collègues, confiant qu'elle reviendrait avec un résultat superbe en temps voulu. Il nota mentalement de lui donner une augmentation de performance dès que possible. Il était prêt à payer une prime pour une fiabilité éprouvée. Cela valait tellement, surtout maintenant.

La semaine suivante, Deborah rencontra Todd et lui présenta le projet d'accord qu'elle et Heather Kay avaient élaboré sous la direction de Todd.

Voici ce qu'elles avaient créé :

PROJET

Accord de responsabilité entre collègues (ARC)

Le but de cet accord est de définir la relation entre _____ , et ses collègues de BerryWay, Inc. afin d'améliorer le bien-être et la prospérité de tous.

Je _____ , accepte par la présente de m'engager de tout cœur, de bonne foi et sans réserve, dans la mission, la vision et les principes de BerryWay, ainsi que dans ma propre mission individuelle. J'accepte d'être responsable de toutes les activités qui entrent dans mon champ de conscience professionnel.

Mission de l'entreprise : A déterminer
Valeurs et principes de l'entreprise : A déterminer
Mission individuelle du collègue : A déterminer

J'accepte d'assumer la responsabilité des processus opérationnels, des indicateurs clés de performance (ICP), des droits de décision, des ressources et des exigences en matière de diffusion de l'information qui suivent : _____

J'ai besoin des ressources suivantes pour accomplir efficacement ma mission individuelle : _____

Je comprends que j'ai l'entière autorité et responsabilité d'initier l'acquisition, selon les besoins, ou la cessation des services d'autres collègues conformément au processus de responsabilisation des collègues.
J'accepte de suivre un programme d'apprentissage continu et de partager les résultats de cet apprentissage professionnel avec d'autres collègues. Je prévois un apprentissage supplémentaire dans les domaines suivants : _____

Je m'engage à informer personnellement et sans délai mes collègues de tout risque perçu en matière de législation, de réglementation, de produits ou de sécurité humaine, ou de toute autre menace potentielle pour la sécurité de mes collègues.
Je déclare que je possède les capacités, le talent, l'éducation, l'expérience et les compétences nécessaires pour assumer les responsabilités qui me sont confiées. Je m'engage à atteindre les buts et objectifs professionnels suivants : _____

Je comprends que si je souhaite mettre un terme à mes services à BerryWay, je peux négocier un pont financier de trois à six mois, par lequel je peux recevoir un salaire complet tout en cherchant une autre situation économique, tant que mon départ est volontaire, et que je reste un collègue en règle, et tant que je suis prêt à continuer à rendre des services à un niveau qui maintient une continuité raisonnable dans mon domaine de contribution professionnelle.

Signé : _____

Daté : _____

Collègues :

_____

_____

_____

_____

Le lendemain, Maria frappa à la porte du bureau de Todd.

— On peut parler une minute ?

— Bien sûr, répondit Todd. Qu'est-ce qui te préoccupe ?

— Comme vous vous en souvenez probablement, il y a eu un peu de bruit autour d'une éventuelle campagne d'organisation dont nous avons discuté lors de notre dernière réunion des leaders, se souvint-elle. J'ai entendu quelques commentaires dans le laboratoire selon lesquels le salaire est trop bas par rapport à la charge de travail. J'ai pensé que vous deviez en être informé.

— Ok. Merci, Maria. Je rajouterai ça dans tout ce qui se passe ! répondit Todd avec un sourire douloureux.

Il y avait quelque chose qui se préparait, mais il y avait aussi des ramifications pour l'autogestion. Il aborderait les questions de compensation plus tard. D'abord, se dit-il, il y a d'autres questions à aborder.

Todd avait réfléchi à la manière de fournir un retour d'information dans un système autogéré. Dans une hiérarchie traditionnelle, il y avait des patrons, des directeurs, des superviseurs et toutes sortes de supérieurs qui étaient là pour dire aux gens comment ils se débrouillaient. Dans un système autogéré, chaque individu devait être capable d'évaluer ses propres performances et de s'adapter en conséquence. En fait, l'autogestion devait théoriquement fournir un bien meilleur retour d'information, puisque cinquante collègues - et même plus pendant la saison de production - avaient toute autorité pour remettre en question toute activité de l'entreprise, même la stratégie. Todd se rappela qu'il ne préconisait pas vraiment l'élimination de la structure. Ce qu'il faisait, c'était remplacer une structure inefficace et fragile par une structure beaucoup plus fluide, dynamique et efficace.

Il était impossible qu'un seul patron puisse assurer le même degré de supervision et de direction qu'une entreprise autogérée. Les chances qu'un patron ou un responsable unique surprenne une personne en train de faire quelque chose de mal étaient probablement inférieures à une sur dix. En revanche, les chances qu'un collègue responsable observe un problème étaient très élevées. Tant que les collègues avaient le courage de se mettre au défi d'améliorer leurs performances, Todd n'avait aucun doute sur la supériorité de l'environnement.

Les personnes responsables qui faisaient preuve d'initiative, d'intégrité, de compétence et de passion pouvaient amener d'autres personnes à changer pour le mieux. C'était le genre de personnes avec lesquelles Todd voulait s'associer. Il était fatigué d'entendre des excuses sur le lieu de travail lorsque les choses ne se passaient pas bien. Les excuses n'avaient aucune valeur pour lui. La seule raison d'enquêter sur les raisons pour lesquelles les choses avaient mal tourné était de trouver comment éviter l'échec à l'avenir. Dans de trop nombreux cas, il semblait à Todd que l'échec conduisait à des récriminations plutôt qu'à un apprentissage. Trop souvent, de petits problèmes s'étaient envenimés jusqu'à devenir des maux de tête majeurs, parfois même des cancers du travail, l'obligeant à manier son scalpel d'autorité. Il voulait supprimer les excuses pour la non-performance, et la possibilité de se cacher derrière des excuses. Il voulait que chaque collègue assume la responsabilité totale des résultats de l'entreprise. Il y avait beaucoup de bonnes personnes qui travaillaient bien chez BerryWay. Todd voulait qu'ils montent encore plus haut.

Todd appréciait également l'idée de liberté au travail. Dans la mesure où les collègues avaient peu de contraintes pour rechercher de meilleures méthodes de travail, il y avait plus de passion, d'innovation et d'amélioration continue. Il sourit à l'idée d'avoir moins de contraintes à la haute performance que partout ailleurs dans le monde commercial. Être un franc-tireur, un pionnier, c'était une source d'inspiration. Il aimait l'idée d'une coordination naturelle autour d'une mission commune. En multipliant les talents individuels forts par des efforts individuels rigoureux et un haut degré de coordination, on obtenait des résultats commerciaux puissants, qui profitaient à tous les membres de l'entreprise. Il voulait travailler avec des personnes passionnées, prêtes à consacrer le temps intensif nécessaire à l'amélioration des performances. Il savait que si les gens n'aimaient pas ce qu'ils faisaient, ils ne seraient pas très performants, ni très longtemps. Et s'ils n'aimaient pas travailler dans un environnement qui leur donnait une liberté totale pour innover et exécuter, ils ne feraient probablement pas long feu chez BerryWay. Todd pensa à Kyle, et au fait que le silence de Kyle pendant toutes les discussions sur l'autogestion en disait long, rétrospectivement. Ce ne serait pas la tasse de thé de tout le monde. Les personnes qui avaient besoin d'être constamment dirigées et poussées ne feraient pas long feu dans cet environnement. Pas plus que les personnes qui avaient besoin d'exercer leur autorité. La route allait être cahoteuse.

Todd était pleinement conscient que l'autogestion serait désordonnée à court terme mais extraordinairement puissante et élégante à long terme. L'autogestion, fondée sur des principes solides nécessitant une association volontaire, augmenterait le pouvoir et l'influence sur les résultats commerciaux. Chaque interaction ou échange entre deux individus autogérés serait bénéfique aux deux parties, dans la poursuite de la mission de l'entreprise et de leur prospérité personnelle. Tant que les interactions sont volontaires, le résultat est toujours l'abondance. Todd sourit à nouveau à lui-même, imaginant l'avenir. Il semblait brillant.

Il devait trouver un moyen de permettre aux gens de mesurer leurs propres performances et d'être conscients de celles des autres. Il prit note de réunir son équipe de direction cet après-midi-là.

À 13 heures précises, ses dirigeants se réunirent dans la salle de conférence. Il y avait un siège vide là où Kyle s'asseyait habituellement, et cela mit le groupe un peu mal à l'aise.

— Comment se passe la recherche pour le remplacement de Kyle ? demanda Todd à Teresa.

— Assez bien, répondit-elle. Nous n'avons plus que trois candidats maintenant. Je devrais avoir des entretiens programmés d'ici la fin de la semaine. Je suis heureuse que nous ayons fait tout ce travail en amont avec les modèles de compétences.

— Ok, voici ce dont je veux discuter, et je ne veux pas vous retenir longtemps car vous êtes tous aussi occupés que moi, commença Todd. Vous m'avez entendu mentionner les indicateurs clés de performance l'autre jour. Nous devons proposer un moyen de suivre les performances individuelles si nous voulons que l'autogestion ait une chance de réussir ici. Quelles suggestions avez-vous pour le retour de données précises et objectives sur les performances ?

Mike ouvrit la discussion :

— Voici ce que nous faisions dans mon ancienne entreprise. On attribuait à chaque travail un indicateur clé de performance. On les appelait «ICP». Certains emplois avaient plusieurs ICP, d'autres en avaient très peu. Ils étaient généralement représentés par des graphiques, avec des axes x/y simples. Ces graphiques indiquaient visuellement nos performances et étaient affichés sur notre «mur d'indicateurs de performance clé» afin que les résultats soient visibles par tous. Nous les appelions nos «tableaux d'affichage». C'étaient les chiffres exacts avec lesquels il fallait vivre au moment de la compensation. Ils racontaient essentiellement l'histoire de vos performances. Bien sûr, certaines personnes partageaient la responsabilité de certains processus, et il n'était pas toujours facile de ventiler les performances individuelles. Nous avions un autre système pour essayer de répondre à cette question.

— Qu'est-ce que c'était ? demanda Cathy, curieusement.

— Il y avait une évaluation à 360 degrés, poursuivit Mike. Les ICP s'occupaient de toutes les données dures et objectives : les ventes par mois, le prix moyen par caisse, ce genre de choses. Mais l'évaluation à 360 degrés tenait compte de beaucoup de choses sub-jectives : compétences en communication, sensibilité, adaptabilité, etc. L'explication était que si les ICP pouvaient mesurer des éléments faciles à mesurer, l'évaluation à 360 degrés prenait en compte les milliers d'observations que vos pairs avaient de vous tout au long de l'année. Ils l'utilisaient à des fins de développement, je crois, et non pour la rémunération, mais c'était une autre source d'excellent feed-back. Certaines personnes avaient été assez surprises par les résultats.

Todd fit le tour de la salle et sollicita les expériences des per-sonnes influentes en matière de systèmes de feedback. Après les avoir remerciés, il quitta la réunion, prit quelques livres et se dirigea vers son bureau à domicile.

Il ne put s'empêcher de se rappeler que l'un des premiers éléments de la liste des valeurs fondamentales des collègues était le plaisir. Il se dit que, quel que soit le système de mesure et de feedback qu'il mettrait en place, il devrait promouvoir le plaisir. Il ne voulait pas que les gens courent partout en s'aspergeant les uns les autres avec des bouteilles de seltzer, mais il voulait que les gens se concentrent comme des rayons laser sur une exécution supérieure, en utilisant le feedback pour une amélioration constante. Il voulait effacer la dis-tinction entre le travail et le jeu. Il voulait que le travail soit amusant.

Le lendemain, il convoqua une autre réunion d'équipe.

— Nous avons toujours eu des mesures de performance ici, nota-t-il, en montrant une copie du rapport de production quotidien. Les rapports financiers mensuels sont un autre exemple de rapport de performance. Je vous demande d'examiner tous les emplois dans vos secteurs respectifs, en commençant par les vôtres. Pensez aux résul-tats dont vous êtes responsables. Puis demandez-vous : «Comment puis-je savoir si je fais du bon travail ou pas ?» Une fois que vous aurez répondu à cette question, j'aimerais que vous conceviez un moyen de mesurer et de rendre compte de la réponse. Je ne cherche pas des futilités, comme le nombre de mouches que vous avez écrasées ce matin, mais des résultats commerciaux réels qui signifient quelque chose pour une autre personne, comme un client. Voici quelques exemples que Mike a apportés pour nous. Je pense que cet aspect sera fondamental pour l'autogestion - il pourrait même constituer une cause de rupture si nous ne le faisons pas correctement. Pour l'instant, nous les appellerons indicateurs clés de performance, ICP. Qu'en pensez-vous ?

— Quand les voulez-vous ? demanda Scott d'un ton las.

— Nous en avons besoin pour notre prochaine réunion générale, répondit Todd, sans la moindre excuse. C'est dans trois semaines. Deborah, je peux te voir en privé quelques minutes ?

Deborah rencontra Todd dans son bureau. Il alla droit au but.

— Je vais te demander une faveur, car je sais que je peux compter sur toi pour réussir. J'aimerais que tu prennes la direction des ICP. Tu es un as du tableur. Prends les deux prochains jours de congé, travaille à la maison, et établis une liste de ICP pour toi et ton équipe. Je veux montrer à Scott et aux autres que c'est simple et leur donner un exemple à suivre. Nous pourrions même avoir une compétition amicale pour voir quel groupe peut finir de rédiger ses ICP en premier. Après que la comptabilité soit terminée, bien sûr.

— Ça marche pour moi ! répondit Deborah. Je serais heureuse de passer quelques jours à la maison. En travaillant, bien sûr.

— Merci, Deborah, dit Todd. Fais-moi voir ce que tu as trouvé dès que possible. J'apprécie vraiment.

Voici la liste que Deborah prépara pour elle-même :

Deborah Moore

Processus/ICP

Gérer la trésorerie/coût moyen des intérêts par jour ; solde moyen de la trésorerie

Préparation des états financiers/clôture en un jour ; respect de toutes les clauses restrictives des prêts

Gérer les risques/Coût moyen des assurances par 100 $ d'actifs ; rapport de pertes ; modification de l'expérience.

Gérer l'audit financier/Dépenses d'audit semestrielles Préparer les dépôts réglementaires/% de dépôts à temps

Puis un graphique qu'elle prépara pour les frais d'audit semestriels :

Frais audit semestriels

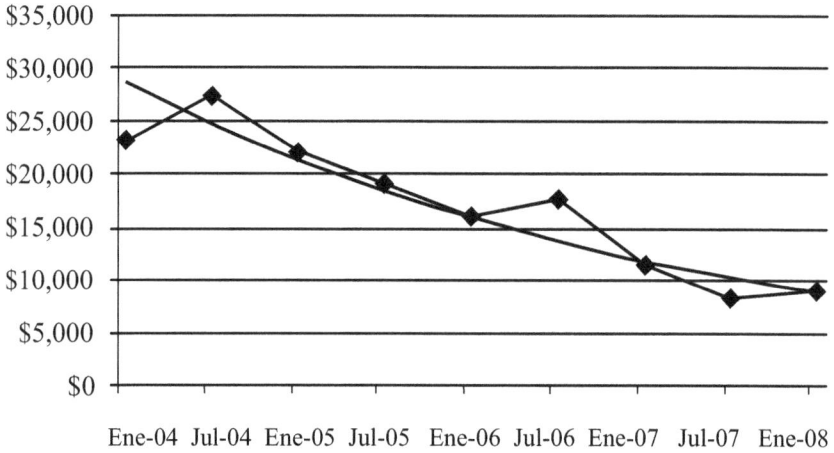

Lorsqu'elle montra son travail à Todd le lundi suivant, elle était rayonnante.

— Vous savez, j'ai réalisé que les dépenses d'audit avaient tendance à diminuer, mais je n'avais pas apprécié l'ampleur jusqu'à ce que je puisse la visualiser. Je suis vraiment heureuse de la façon dont nous avons maîtrisé les choses ! Notre équipe a trouvé d'autres idées pour réaliser des économies encore plus importantes, et a transformé le tout en un jeu. C'était amusant.

Todd regarda les mesures pour le reste de son équipe et exprima son appréciation pour la réflexion qui y avait été menée.

— J'aimerais les utiliser comme exemples pour le reste de notre équipe de direction, déclara-t-il. C'est un excellent début. Merci beaucoup d'avoir lancé le mouvement. Le travail devrait être un jeu amusant - et le plaisir est l'une des principales valeurs fondamentales identifiées par nos collègues, après tout. Il y a un autre élément que j'aimerais aborder de front. Tu as fait un excellent travail d'identification de tes processus, et d'association de tes ICP. On dirait qu'il y a une relation de plusieurs à un - tu peux avoir plusieurs ICP pour un processus donné, ce qui est formidable. J'aimerais que tout le monde identifie ses processus aussi bien que vous l'avez fait, surtout avec tous les transferts de responsabilités que nous avons ici. Tu te souviens du brouhaha du mois dernier entre les ventes et la distribution pour savoir si un produit aurait dû être désigné pour Synergy ou pour un autre client ? Il semble que tout le monde s'est lavé les mains du problème et a blâmé l'autre département. J'aimerais voir ce genre de comportement disparaître. Je pense que nous devons identifier rigoureusement nos processus afin de soutenir ces accords de responsabilité entre collègues et ces indicateurs clés de performance. Voici un mémo que j'ai préparé pendant le week-end. Jetes-y un coup d'œil et dis-moi ce que tu en penses. Je suis ouvert aux suggestions de changement.

Todd lui tendit son mémo, qu'elle prit pensivement.

— Je vais y jeter un coup d'oeil tout de suite, dit-elle. On dirait qu'il faudra un répertoire d'outils assez complet pour que l'autogestion fonctionne.

— Tu as sûrement raison, Deborah, répondit Todd. Et j'ai la responsabilité de m'assurer que toutes les pages sont dans le carnet de chansons. Nous avons un grand «concert» à venir, et nous devons tous chanter en harmonie.

En retournant à son bureau, Todd avait d'autres réflexions à faire. Il reconnut l'importance, pour l'autogestion, de processus d'affaires rigoureux et bien exécutés, offrant une valeur constante aux clients. Il espérait que ses collègues le verraient de la même façon.

Voici le mémorandum que Todd rédigea pour ses collègues de BerryWay :

A : Tous les collègues de BerryWay
De : Todd Brookstone
Date : 20 avril 2008
Re : Gestion des processus d'affaires et autogestion

Les processus sont des séquences d'activités qui aboutissent à la création de valeur pour un client, qu'il soit interne ou externe. Les processus de base sont les processus qui aboutissent à la création de valeur pour le client final - dans le cas de BerryWay, le client final est la société qui achète nos produits - sans laquelle nous n'existerions pas. Les processus comprennent également les processus de soutien (par exemple, la paie), qui sont importants mais ne constituent pas la raison d'être de l'entreprise, et les processus d'habilitation (par exemple, l'obtention d'un permis de construire), qui permettent à l'entreprise de progresser mais ne créent pas directement de valeur pour les clients. L'essence même de notre travail est l'exécution et l'innovation des processus.

Les processus sont en grande partie la raison pour laquelle nous voulons nous autogérer. Qui en sait plus sur un processus que la personne qui en est responsable ? Comment un responsable pourrait-il en savoir autant sur un processus que la personne qui l'exécute, et encore moins prendre de meilleures décisions en temps réel concernant ce processus ?

Des processus métier solides sont des actifs précieux pour l'entreprise : Ils peuvent être une source de différenciation et d'avantage stratégique (pensez à la logistique du cross-docking chez Walmart ou aux chaînes de production flexibles chez Toyota). Des processus mal pensés ou mal exécutés peuvent, en revanche, ne pas être avantageux, voire constituer un handicap. Les meilleures entreprises prêtent attention à leurs processus et ont mis en place une procédure pour les améliorer en permanence. Elles intègrent un état d'esprit lié aux processus dans leur culture afin de tirer parti de la base de connaissances de leurs collègues qui sont, après tout, les mieux placés pour identifier et apporter des améliorations.

Au fur et à mesure que BerryWay avance dans le développement des accords de responsabilité des collègues (ARC) et des indicateurs clés de performance (ICP), il devient encore plus important de définir et d'affiner ses processus. Les processus sont la base de la responsabilité des ARC et des ICP : ils définissent les transferts et les règles commerciales pour les clients et les fournisseurs internes et externes. Les ARC et les ICP définissent la responsabilité des individus les uns envers les autres et envers la mission, mais la responsabilité de quoi

? La carte des processus fournit le quoi : chaque collègue devient le responsable de processus ou d'activités spécifiques au sein d'un processus, avec des clients et des fournisseurs à qui il doit rendre des comptes.

C'est pourquoi nous avons besoin de cartes de processus bien définies pour garantir une responsabilité totale de l'individu et de l'entreprise. Chaque activité de processus et chaque décision commerciale connexe doit être attribuée à un individu. Cette affectation définit, à son tour, les activités de processus d'un ARC individuel auxquelles un ou plusieurs ICP seront attachés. Les clients et les fournisseurs des processus d'un individu deviendront les collègues de l'ARC de cet individu. Le risque commercial lié au fait d'établir des ARC sans examiner également les processus est qu'il peut y avoir des activités tacites mais néanmoins réelles et importantes, et qui ne se retrouvent donc dans l'ARC de personne. Lorsque le processus tombe en panne, personne n'est responsable.

Pour être efficaces, nous devons définir tous les processus BerryWay en détail et créer un état d'esprit de processus.

L'intégration d'un état d'esprit de processus dans notre culture produira plusieurs avantages clés :

1. L'entreprise compte environ 50 collègues à l'année et plus de 200 saisonniers. Personne ne connaît mieux que ces personnes le fonctionnement de leur secteur d'activité. L'exploitation de leur force mentale combinée et collaborative dans le but d'améliorer l'entreprise peut et devrait permettre de réaliser des gains de productivité substantiels.

2. L'exécution quotidienne des processus bénéficiera de la direction d'individus qui comprennent intimement leurs processus et surveillent les indicateurs clés de performance pour contrôler la santé des processus.

3. Une entreprise qui a une mentalité de processus aura toujours un avantage concurrentiel stratégique sur une

organisation qui n'en a pas, car une culture de processus conduit à une amélioration continue.

4. Un état d'esprit axé sur les processus encourage l'innovation et l'initiative puisque les collègues s'entraînent à trouver des moyens d'améliorer leurs processus et se tiennent mutuellement responsables d'en faire autant.

5. Un état d'esprit axé sur les processus va au-delà des bizarreries, des personnalités et des conflits individuels. Une culture de processus valorise ses processus en tant qu'actifs stratégiques et cherche à s'affranchir des bases de connaissances et des «territoires» individuels.

6. Un état d'esprit de processus est moins politique qu'un état d'esprit d'entreprise traditionnel et plus enclin à embrasser le changement et la croissance perturbateurs.

7. L'état d'esprit des processus encourage la collaboration, notamment entre les domaines fonctionnels, en éliminant les barrières et les silos d'information dans la poursuite de la mission commune.

8. Il est évident que si tous les processus d'entreprise sont exposés à l'analyse et à l'amélioration des collègues, les possibilités d'amélioration augmenteront. Les pannes déclencheront l'aide des collègues, motivés par la nécessité de maintenir le flux de travail vers ou depuis d'autres processus bien réglés. Nous exploitons donc le pouvoir existant de la collaboration entre pairs.

Les meilleurs processus sont ceux qui tirent parti de l'intelligence collective de ceux qui sont chargés de les exécuter. J'aimerais avoir quelques idées sur la façon de construire un état d'esprit de processus au sein de la culture BerryWay. Je vous demande respectueusement de me faire part de vos idées, questions, préoccupations, réflexions ou suggestions pour définir, documenter et améliorer les processus d'entreprise d'ici le 1er mai. Merci.

Le lendemain, après quelques ajustements, Todd envoya son mémorandum à tous ses collègues et convoqua une réunion de son équipe de direction.

— Vous en avez assez pour travailler jusqu'à présent ? demanda Todd avec un sourire.

— Oui, je pense que oui, répondit Scott. J'essaie de comprendre comment faire pour que le travail soit fait ici avec toutes ces initiatives.

— J'apprécie cela, Scott, répondit Todd avec sympathie. Je suis sûr que ce n'est pas une consolation que les initiatives d'autogestion prennent la plupart de mon temps ces jours-ci. Il ne reste que quelques pièces du puzzle à mettre en place avant la prochaine réunion de l'ensemble du personnel. Donc, si vous êtes indulgents avec moi pendant quelques semaines encore, nous arriverons là où nous devons être.

Sur ce, Todd distribua le projet d'accord de responsabilité entre collègues.

— Notre avocate, Heather Kay, a travaillé avec nous pour rédiger cet accord. J'aimerais que vous l'examiniez et que vous me donniez votre avis. Ce que je propose, c'est que tous les collègues concluent cet accord avec les personnes avec lesquelles ils sont le plus en contact - leurs collègues de travail les plus proches - et s'engagent à leur fournir un service de qualité, ainsi qu'à BerryWay en tant qu'entreprise. Les gens ont tendance à prendre les accords au sérieux. Je ne m'attendrais pas à ce que quelqu'un signe cet accord sans accepter sincèrement la responsabilité qu'il implique. Si vous avez des recommandations, veuillez me les faire parvenir d'ici demain afin que nous puissions avancer sur ce sujet.

De plus, comme vous le savez, j'ai envoyé mon mémorandum sur le processus aujourd'hui, et je cherche également à obtenir des commentaires à son sujet. Toutes ces initiatives sont liées, comme vous l'avez peut-être deviné. Les processus définis deviennent des éléments de l'accord de responsabilité des collègues, tout comme les indicateurs clés de performance qui leur sont associés. Il n'y a aucun moyen de se gérer sans suivre ses résultats. Vous vous souvenez de la vieille phrase «ce qui est mesuré est fait» ? C'est de cela qu'il s'agit aujourd'hui, de lier le tout. Nous avons des groupes de travail qui travaillent sur la mission, la vision et les principes - qui font également partie de l'accord de responsabilité des collègues. Les représentations de chaque collègue sur cet accord devraient s'aligner assez nettement sur leur description de poste, leur modèle de compétences et leurs attentes en matière de résultats, ce qui devrait constituer un tremplin assez solide pour la mission individuelle de chacun. Je vois beaucoup d'avantages à l'autogestion, mais les gens auront besoin d'outils pour la faire fonctionner. C'est à nous, en tant que leaders, de fournir ces outils. Au fait, poursuit Todd, nous avons eu d'excellentes idées sur la culture préférée l'autre jour lors de notre réunion générale. Je propose d'ajouter un élément supplémentaire à la liste. J'aimerais intégrer consciemment un esprit de processus dans la culture. Nous devrions tous penser en permanence à la façon dont le travail est effectué et à la manière de mieux le faire. Je vais prendre la liberté de l'ajouter à la liste si vous êtes tous d'accord. Encore quelques points avant de nous séparer. J'ai réfléchi et parlé à mon réseau à ce sujet depuis un certain temps maintenant. Teresa, que faisons-nous pour l'orientation des nouveaux collègues en ce moment ?

— Leur donner les bases, répondit Teresa. Je m'assois avec eux et je leur explique les règles de travail et les avantages sociaux, et je réponds à leurs questions. Ils reçoivent un dossier d'information. Nous faisons une visite de l'usine, je les présente à leurs collègues de travail immédiats et nous regardons des vidéos sur la sécurité. Nous leur donnons un mot de passe pour le réseau et leur montrons comment fonctionnent les téléphones. C'est à peu près tout.

— J'apprécie ce processus, Teresa, répondit Todd. J'aimerais en faire un peu plus, cependant. En fait, nous devons faire un peu plus. J'aimerais créer une université d'entreprise. Je veux trois jours complets d'orientation pour tous les nouveaux collègues. Je veux qu'ils soient imprégnés de l'industrie, de la culture de l'entreprise, de leurs processus de travail, de tout. Je veux offrir une formation à la communication efficace. Je veux surtout insister sur le concept d'autogestion. Nous influençons la culture chaque fois qu'une nouvelle personne arrive. Elle apporte avec elle ses croyances, ses valeurs, ses forces et parfois son bagage. Il n'est pas juste de les jeter dans un système où on attend d'eux qu'ils s'autogèrent sans leur donner tous les outils et la formation dont ils ont besoin pour avoir une chance de réussir. C'est ce que nous devons leur fournir. Pouvons-nous faire un brainstorming maintenant et déterminer ce que nous devons fournir en termes de formation d'orientation de base ?

Voici ce que l'équipe proposa :

Histoire et culture de BerryWay
Qu'est-ce que l'autogestion ?
Outils et techniques d'autogestion
Mission, vision et principes

— Pouvons-nous réfléchir à des cours qui pourraient améliorer le succès de l'autogestion après l'orientation ? demanda Todd au groupe.

Voici la liste qu'ils créèrent :

Comment prendre des initiatives
Résolution de conflits
Communication efficace
Leadership
Techniques de négociation
Collaboration

En regardant la liste, Todd se tourna vers le groupe et posa une question qui donnait à réfléchir.

— Quelqu'un peut-il repérer les thèmes ici ?

— Je vois le thème de la proactivité, observa Maria. Aller de l'avant, faire des progrès, ne pas succomber à l'inertie. Prendre des initiatives, résoudre des conflits me semble indiquer un élan vers l'avant.

— Je suis d'accord avec Maria et j'ajouterais l'interaction efficace, déclara Teresa. C'est là que je vois la collaboration, la communication et la négociation.

— Il reste donc le leadership. Où est-ce que ça s'inscrit ? demanda Todd. Y a-t-il même un rôle pour le leadership dans un système autogéré ?

— Je ne vois pas où il y a encore de la place pour le leadership, observa Scott. Il semble que dans l'autogestion, les gens vont juste suivre leur propre chemin et faire leur propre chose. Si je veux assurer le leadership, personne n'est obligé de m'écouter. Je ne sais pas pourquoi on prendrait le temps d'y réfléchir.

Todd réprima son sentiment de déception face au point de vue de Scott et poursuivit :

— Je pense que le leadership est plus que jamais nécessaire dans une entreprise. Le leadership est le moteur du progrès. Pourquoi aurions-nous moins besoin de leadership dans l'autogestion que dans la hiérarchie ? demanda-t-il rhétoriquement, à personne en particulier. Le leadership dans un environnement autogéré est cependant différent. La source n'est certainement pas la position, le titre ou l'hérédité. La seule indication d'un leader est de savoir si quelqu'un a des adeptes ou non. Dans un environnement autogéré, le leadership se mérite, il ne s'octroie pas. En général, la personne qui mérite une position de leader est celle qui possède le plus d'expertise sur un problème ou une situation particulière. Les postes de direction dans les situations autogérées ne sont pas permanents. Ils tournent, en fonction de la personne qui a le plus de compétences pour gérer une situation et si les gens ont suffisamment confiance en cette personne pour la suivre. Je pense que le leadership est absolument vital dans l'autogestion. C'est simplement qu'il est dynamique, et non structuré. Il se peut qu'une équipe autogérée ne soit même pas capable d'identifier son leader un jour donné, et c'est très bien ainsi, tant qu'ils apprennent les uns des autres et que de bonnes choses se produisent. D'ailleurs, je serais prêt à payer cher pour aider nos collaborateurs à devenir d'excellents leaders.

Scott resta assis, le visage impassible, sans répondre.

— Si des groupes de personnes s'organisent organiquement sans leadership apparent autour d'un problème ou d'un processus, cela me convient parfaitement, poursuivit Todd.

Je suis sûr qu'il y a beaucoup de cours que nous pourrions ajouter à un catalogue, mais nous n'avons pas le temps de le faire aujourd'hui. Je vois cependant les mêmes thèmes que vous. Si je devais les résumer, je les appellerais «le leadership par une interaction proactive et efficace». Cela pourrait presque être la devise de notre université d'entreprise - et la façon dont nous devrions nous considérer en tant que collègues de BerryWay. Teresa, serais-tu prête à conduire cette initiative ? Tu n'auras pas à t'occuper de l'organisation des cours, pas encore. Il suffit de définir le contenu, et nous trouverons les ressources nécessaires pour le dispenser. Je pense que c'est important.

Le visage de Teresa s'illumina en entendant le défi.

— J'ai hâte de commencer, répondit-elle. Ce sera amusant, comme lorsque j'étais formatrice en entreprise.

— Ok, dit Todd. Encore quelques points. Teresa, je sais que ton emploi du temps est plutôt chargé en ce moment, mais tu m'as entendu parler de la mise en place d'une culture de coaching et de mentorat ici à BerryWay. Je ne veux pas qu'un collègue soit «coincé» sans être guidé d'une manière ou d'une autre, et nous voulons absolument que les gens grandissent en tant que professionnels. J'aimerais que tu conçoives un programme de mentorat pour tous les nouveaux collègues et pour tous ceux qui souhaitent y participer. Je sais que W. L. Gore a un programme qu'il appelle «parrainage», par exemple. Peut-être peux-tu comparer ce que font les différentes entreprises et revenir ensuite vers nous avec une proposition. Encore une fois, je suis prêt à financer toute proposition raisonnable ; l'autogestion est si importante pour moi. J'aimerais que tu établisses une liste de coachs commerciaux qui pourraient aider tous nos collègues intéressés. Fais-moi savoir ce que tu proposes lorsque tu seras prête. Je ne te demanderai pas d'avoir quelque chose avant la réunion générale de la semaine prochaine.

Teresa acquiesça, heureuse de la confiance que Todd lui témoignait.

— Il y a un autre point dont l'équipe de direction doit être informée, déclara Todd. Une partie de l'accord sur la responsabilité des collègues concerne les droits de décision. Je sais que c'est difficile à croire, mais ce n'est pas tout le monde qui prend la décision de construire une nouvelle usine simplement parce que nous avons adopté un système d'autogestion. Je ne suis pas intéressé par une discussion métaphysique sur l'origine des droits de décision - je n'ai pas le temps pour la métaphysique ces jours-ci - mais je sais que des décisions doivent être prises dans l'entreprise afin de servir nos clients et les autres parties prenantes, et que le pouvoir de décision de chaque collègue doit être clair comme de l'eau de roche pour tous. Je propose donc de relier chaque décision de l'entreprise au processus qui a généré l'exigence de décision. En matière de responsabilité, chaque processus doit être lié à l'accord de responsabilité collégiale d'une personne. Je propose ensuite de négocier l'étendue du pouvoir de décision de chaque personne pour chaque processus avec elle et les parties prenantes à ces processus. Comment les droits de décision doivent-ils être attribués ? Conceptuellement, cela devrait être assez simple. La personne disposant de la plus grande expertise pour prendre une décision devrait être celle qui prend la décision. Cette personne doit-elle collaborer avec ses collègues, qui peuvent avoir des informations pertinentes ? Absolument. Mais il faut que les meilleurs décideurs pour chaque décision soient en charge de cette décision. N'oubliez pas que dans un système d'association volontaire, comme une entreprise nouvellement autogérée, tout est négociable sauf la mission. Nous avons un travail important à faire. Nous devons faire l'inventaire de tous les processus dans tous les secteurs de l'entreprise et nous assurer qu'un ou plusieurs collègues s'approprient chaque processus dans leurs accords de responsabilité collégiale respectifs. Nous devons ensuite nous assurer que nous disposons d'indicateurs clés de performance - au moins quelques-uns - pour chaque processus. Nous devons avoir des droits de décision attribués à chaque processus qui nécessite une décision. Je dirais que nous sommes face à un effort plutôt rigoureux au cours des prochains mois. Dernier sujet, je vous le promets. Je pense que les gens doivent comprendre les demandes concurrentes des entreprises. J'aimerais que chaque secteur ait son propre compte de résultat et son propre bilan. Le concept est celui d'unités commerciales. Les chiffres devront refléter une sorte de coût de transfert d'une partie du processus à l'autre, car nous n'aurons pas vraiment de ventes de produits entre, par exemple, les machines de remplissage et l'entrepôt. Nous devons trouver un système qui permette à nos collègues de penser comme des hommes d'affaires à chaque heure de la journée : Comment les dépenses seront-elles affectées par mes décisions ? Quelles améliorations peuvent être apportées ? Comment puis-je obtenir une plus grande production de ces actifs ? Je sais que je peux compter sur toi, Deborah, pour mettre au point un système de rapports qui puisse faciliter les choses. J'aimerais que chaque secteur joue avec la stratégie. Il n'y a aucune raison que toute la stratégie de l'organisation doive venir de moi. Il y aura quelques secteurs excentriques à aborder, comme la R&D et l'administration, qui devront probablement être traités comme des sociétés de services. Mais je suis convaincu que nous pouvons y arriver en travaillant dur. Chacun de nos collègues électromécaniciens est déjà personnellement responsable de millions de dollars d'équipement. Je ne peux pas le faire fonctionner ou le réparer, et toi non plus, Scott. Ils sont en charge de plus d'actifs que la plupart des PDG de petites entreprises. On doit commencer à les traiter comme tels. Je veux une entreprise d'hommes d'affaires professionnels. C'est mon rêve. J'ai hâte d'assister à la réunion pratique de la semaine prochaine pour commencer le compte à rebours vers l'autogestion.

Alors que la plupart des membres de son équipe de direction hochaient la tête en signe d'approbation, Scott semblait sceptique.

— Voici la question d'argent, et je parie que vous n'avez pas de réponse, déclara Scott avec un léger sourire en coin. Vous dites que vous voulez de l'autogestion. Mais tout au long de l'histoire de cette entreprise, vous avez déterminé tous les salaires, les taux de rémunération, les avantages sociaux et les augmentations de salaire. Cela signifie que vous avez tout le pouvoir. Donc, même si vous mettez au point un système et que vous l'appelez «autogestion», vous avez toujours le pouvoir. C'est donc toujours la même chose, déguisée en quelque chose d'autre.

— Ok, Scott, c'est juste si je voulais conserver tous les droits de décision sur la compensation. Mais ce n'est pas le cas. Je veux que chacun fixe son propre salaire, dans le cadre de certaines directives de bon sens concernant les niveaux de salaire compétitifs.

La réunion devint très silencieuse. Scott avait l'air perplexe.

— Vous voyez, la plupart des gens veulent faire ce qui est juste. En tant que propriétaire légal, je suis le principal responsable des décisions impliquant de grosses sommes d'argent, comme les salaires. Mon nom figure sur toutes les garanties personnelles, par exemple. Quelqu'un ici voudrait-il assumer la responsabilité personnelle de, disons, 250 millions de dollars de dettes ? Je ne pense pas que vous le voudriez J'ai donc certaines obligations positives pour gérer les finances de l'entreprise. Et il est vrai que, jusqu'à présent, j'ai personnellement signé toutes les décisions de paiement, en m'appuyant fortement sur l'analyse de Teresa, bien sûr. Mais je suis heureux que cette époque prenne fin dans le cadre de l'autogestion. Teresa publiera les fourchettes de salaires pour vos compétences, vos capacités et vos postes, et vous pourrez choisir n'importe quel chiffre dans cette fourchette. C'est vous qui décidez. Vous et tous vos collègues choisirez votre propre salaire. Personne ne choisira, par exemple, un million de dollars par an, car nos actifs financiers ne pourraient pas le supporter. Peut-être pouvons-nous même inclure une fourchette raisonnable au-dessus de la fourchette du marché pour tenir compte des collègues qui contribuent plus que la plupart à l'entreprise. Mais voici le point crucial, le contrepoids de la responsabilité au libre choix responsable : on attendra de vous que vous soyez performant quel que soit le niveau de salaire que vous choisissez. Si vous choisissez un niveau élevé, les attentes seront élevées. Et si vous répondez à ces attentes, tout le monde est gagnant. Mais si vous choisissez un salaire élevé et que vous ne répondez pas aux attentes, vous pouvez vous attendre à renégocier ce salaire avec moi l'année suivante. Et nous aurons de très bonnes données devant nous pour cette discussion. Je n'aimerais rien de mieux que de payer des salaires très élevés pour des performances très élevées et de partager les fruits de ces performances avec vous et tous nos collègues. J'attends davantage des personnes dans un environnement autogéré. Je m'attends à ce qu'il y ait moins de problèmes, en particulier de problèmes humains, sur mon bureau parce que je compte sur un groupe d'autogestionnaires hautement professionnels pour s'occuper des problèmes pour lesquels les gestionnaires des entreprises traditionnelles sont payés. Je serais également très intéressé par l'idée de lier la rémunération variable aux performances des unités commerciales à mesure que nous progressons. Voici le corollaire, cependant : si quelqu'un veut renégocier son niveau de salaire à tout moment, ce n'est pas un problème. Vous devrez cependant présenter une analyse de rentabilité pour l'augmentation - plus que le fait que vous faites déjà votre travail normal. Et cela vaut pour toute augmentation annuelle supérieure au coût de la vie. Vous devez présenter une analyse de rentabilité démontrant votre valeur accrue actuelle et future pour l'organisation. Donc, Scott, après que nous ayons officiellement adopté l'autogestion dans un avenir proche, viens me voir et dis-moi combien tu veux être payé.

Sur ce, Todd leva la séance. Il était épuisé et ressentait une légère douleur dans son côté gauche. Il nota mentalement d'aller voir le médecin dans un avenir proche.

Le lendemain matin, Todd rencontra les bénévoles du groupe de travail qui avaient participé à la dernière réunion. Les volontaires élirent Shannon Young, une stagiaire en marketing brillante et prometteuse, pour présenter leurs conclusions. Voici ce qu'elle présenta avec enthousiasme :

Mission

Notre mission est de créer des expériences alimentaires mémorables provenant de la Willamette Valley grâce à la valeur, la qualité et le service.

Nos valeurs et principes

1. Nous, les collègues de BerryWay, nous engageons par la présente à travailler ensemble pour la mission dans un esprit de travail d'équipe, en nous entraidant de manière harmonieuse pour réaliser de grandes choses.
2. Nous acceptons, en tant qu'individus, de faire preuve d'initiative pour prendre toutes les mesures nécessaires à la réalisation de la mission.

3. Nous acceptons de communiquer, coordonner et collaborer les uns avec les autres en tant que collègues professionnels dans un esprit de plaisir productif et de dévouement.

4. Nous acceptons de gagner la confiance des uns et des autres en tenant nos engagements et nos promesses, en communiquant et en recherchant la compétence professionnelle au niveau le plus élevé possible de performance soutenue.

5. Nous acceptons de nous conduire de manière éthique, avec honnêteté et intégrité à tout moment.

6. Nous acceptons de nous tenir mutuellement responsables des résultats commerciaux et de l'adhésion à la mission, aux valeurs et aux principes, en faisant preuve de tact et de clarté.

7. Nous acceptons de tolérer nos différences et de nous soucier les uns des autres en tant qu'individus et collègues.

8. Nous acceptons de nous engager dans des pratiques commerciales qui sont transparentes et ouvertes.

9. Nous acceptons de rechercher des solutions innovantes aux problèmes et de saisir les opportunités d'amélioration.

10. Nous acceptons de rechercher des performances élevées grâce à une efficience et une efficacité supérieures.

11. Nous acceptons de structurer nos accords de manière à ce que toutes les parties en bénéficient.

12. Nous acceptons de poursuivre notre mission et nos objectifs avec enthousiasme et vigueur.

13. Nous acceptons de soutenir et de défendre la flexibilité des méthodes utilisées pour atteindre nos objectifs et ceux de nos collègues.

14. Nous acceptons de suivre la méthode suivante pour résoudre les conflits et de chercher dans les conflits des occasions d'améliorer les relations.

A. Les collègues doivent discuter directement avec d'autres collègues des questions relatives aux activités qui ne soutiennent pas la mission ou qui n'honorent pas ces valeurs et principes, ou de toute question liée au travail.

B. Si les collègues ne sont pas en mesure de résoudre les problèmes directement, ils conviennent alors de discuter du problème avec un tiers de confiance.

C. S'ils ne parviennent toujours pas à résoudre le problème, les collègues conviennent d'en discuter avec un panel de trois collègues, après quoi les faits seront entendus et une décision sera prise à la lumière des faits et de la mission.

D. Les collègues acceptent de rechercher et de soutenir une résolution rapide.

Todd écouta attentivement, en prenant des notes. Lorsque Shannon termina sa présentation, Todd remercia l'équipe pour son travail acharné et sourit intérieurement. Il était fier du groupe de travail et optimiste quant à l'avenir de l'autogestion.

Le lendemain matin avait lieu la prochaine réunion de l'équipe. La date était le 30 avril, et l'usine était occupée à se préparer pour une autre saison tout en tourbillonnant de conversations sur les grands changements que Todd était en train d'introduire. Todd voulait et avait besoin d'une dernière réunion de l'ensemble du personnel pour tout lier et pour commencer un compte à rebours d'un mois vers l'autogestion. Il avait hâte d'informer son comité consultatif. Il arriva au bureau de Sean à 16 heures précises.

— Je pense que nous sommes prêts pour la réunion, déclara Todd à ses conseillers de confiance. Nous avons une mission, des valeurs et des principes avec un processus de résolution des conflits. Nous avons un ensemble d'impératifs culturels convenus à traiter. Pour les systèmes de soutien, nous disposons d'un projet d'accord de responsabilité entre collègues, contenant une mission individuelle alignée sur la mission de l'entreprise, des responsabilités en matière de processus, des indicateurs clés de performance et des droits de décision. Dans de nombreux cas, nous pouvons transposer nos excellentes descriptions de poste directement dans les accords avec des modifications mineures. Nous avons une nouvelle initiative importante en matière de processus d'entreprise en préparation. Nous aurons une nouvelle université d'entreprise avec une formation d'orientation rigoureuse pour tous les nouveaux collègues et un catalogue de cours pour le développement professionnel continu. Nous offrirons un mentorat à tous les nouveaux collègues et à tous les collègues qui le souhaitent, ainsi qu'un coaching exécutif à ceux qui peuvent en bénéficier. Nous créons la liberté et l'espace nécessaires pour que le leadership naturel se développe et s'épanouisse en réponse aux besoins de l'entreprise. Et nous lançons des unités d'affaires pour exposer tous les collègues aux rigueurs de la responsabilité du compte de résultat. Et les gens vont fixer leurs propres salaires. Ça va être une sacrée réunion. Mon idée est de tout lier et d'entamer un compte à rebours d'un mois avant l'adoption officielle, au cours duquel nous pourrons continuer à nous réunir, répondre aux questions et commencer à travailler sur les accords. Pourquoi ne pas tous venir à la réunion et voir comment je m'en sors ?

— Merci pour l'invitation, Todd, dit Sandra. J'y serai. Qui d'autre veut y aller ?

Sean et Bill firent tous les deux un signe de tête affirmatif.

— Je ne manquerais ça pour rien au monde, dit Bill. Et tu ferais mieux de passer une bonne nuit de sommeil, Todd. J'ai l'impression de regarder une de ces fusées Saturn V en train de prendre de la vitesse sur la rampe de lancement, en attendant que le portique s'effondre pour qu'elle puisse décoller. Tu peux compter sur nous pour t'aider de toutes les manières possibles.

Todd rentra chez lui, salua Sarah, sentit le bébé bouger, puis alla se coucher et s'endormit dès que sa tête toucha l'oreiller.

Todd dirigea la réunion du lendemain matin avec alacrité. Il expliqua le raisonnement derrière chaque initiative, répondit à toutes les questions et présenta son équipe consultative à ses collègues.

Il lança un processus permettant aux collègues d'exprimer leurs questions et leurs préoccupations concernant les diverses initiatives d'autogestion qui étaient en cours au cours des trente prochains jours. Avec l'assentiment des personnes présentes, il lança le compte à rebours pour l'adoption officielle de l'autogestion. Il vit quelques regards sceptiques mais ressentit surtout de l'appréciation, voire une compréhension totale de la part de ses collègues. Il était fier d'eux et de leur volonté d'embrasser le changement. À la surprise de Todd, cette réunion s'avéra être la plus facile jusqu'à présent.

À la fin de la réunion, Todd se tourna pour répondre à une question et ressentit une douleur aiguë dans son côté gauche. Il finit de répondre à son collègue, remercia son conseil consultatif de sa présence et quitta rapidement le bâtiment pour rejoindre sa voiture.

CHAPITRE SIX
L'ÉPREUVE DE L'ACIDE

Deux semaines s'étaient écoulées depuis le début du compte à rebours d'un mois vers l'autogestion. Todd venait de terminer son deuxième forum pour tous ceux qui avaient des questions et des préoccupations et il était très satisfait de la session et de l'élan vers l'autogestion. Il s'inquiétait encore de certains de ses collègues, dont Scott, et de la possibilité d'une campagne syndicale. Il s'était résolu à traverser ces ponts lorsqu'il les rencontrerait. C'était l'heure de son rendez-vous chez le médecin.

Le médecin regarda Todd directement, les rapports de laboratoire sur la table à côté de lui. — C'est un cancer, Todd. Nous devons pratiquer une opération demain, puis établir un plan d'action en fonction de ce que nous trouverons.

Todd expira lentement, essayant de contenir sa panique soudaine. Sarah avait l'air bouleversée. Il devait surmonter cette épreuve, il devait aller de l'avant. Il n'avait plus le choix maintenant. Il serait hors service pendant un certain temps, mais il reviendrait. Alors qu'il rentrait chez lui avec Sarah, il essaya de transmettre sa confiance et sa détermination. — Je dois rencontrer mon équipe de direction aujourd'hui et organiser certaines choses. Cela va être un test pour nous, mais je pense que nous pouvons le gérer.

Il sourit de façon rassurante à sa femme, qui ne put lui rendre son sourire.

Plus tard dans l'après-midi, il se gara lentement sur le parking de l'usine, se demandant comment l'équipe de direction allait réagir à sa nouvelle. Il avait voulu qu'ils profitent pleinement de la liberté de l'autogestion. Maintenant, il savait qu'ils n'auraient pas d'autre choix que de s'autogérer. Il ne serait pas disponible pour eux pendant un certain temps.

Il entra lentement et péniblement dans la salle de conférence et s'installa confortablement dans l'un des grands fauteuils. Ses chefs étaient déjà installés autour de la table et le regardaient avec impatience, attendant un signe de ce dont il voulait parler. Rick, le nouveau responsable des acquisitions, qui était encore en train de s'acclimater à la culture, s'était joint à eux. Todd nota mentalement de passer du temps avec Rick, une fois qu'il sera en bonne santé, pour l'aider à se mettre à niveau. Finalement, Todd rompit le silence.

— Je suis malade, dit-il simplement. Cancer. Je vais être opéré demain, et probablement suivi d'un régime de chimiothérapie et peut-être de radiations.

Il fit une pause pour laisser ses mots s'imprégner.

— Comme vous le savez peut-être, Sean est mon administrateur et assumera les fonctions de président si quelque chose m'arrive. Il prendra ma place et aura toute responsabilité légale et autorité pour BerryWay. Comme la plupart d'entre vous connaissent Sean, je suis sûr qu'un tel arrangement fonctionnera bien si cela devient nécessaire.

Les dirigeants autour de la table regardaient Todd avec un mélange de sympathie, de choc et de tristesse.

Deborah rompit le silence :

— Nous approchons du lancement de l'autogestion dans deux semaines à peine. Pensez-vous que nous devrions attendre ?

Todd lui adressa un grand sourire.

— Absolument pas ! Si quoi que ce soit, ce sera le test décisif. Si une entreprise peut continuer à fonctionner sans son dirigeant présumé, cela ne peut que renforcer et valider l'autogestion. Bien sûr, nous devons continuer. Pourquoi ne pas me donner une mise à jour sur la façon dont nos initiatives progressent ?

Chacun prit son tour pour informer Todd de l'état d'avancement des différentes initiatives d'autogestion. Toutes progressaient selon le calendrier prévu, ce qui convainquit Todd que tout retard était inutile. BerryWay devait être une entreprise autogérée dans quatorze jours, que Todd soit là ou non. Il était satisfait des progrès de ses collègues.

Todd s'adressa à son équipe pour la dernière fois avant l'opération.

— J'aimerais que vous travailliez les uns avec les autres pour mener les réunions restantes et continuer à mener les différentes initiatives d'autogestion. Deborah, veille à ce que chacun comprenne l'accord de responsabilité des collègues et obtienne des réponses à ses questions. Dans la mesure du possible, essayez de respecter l'horaire que j'avais prévu. Je reprendrai le travail dès que je le pourrai.

Il se leva maladroitement et partit avec un signe de la main douloureux et un sourire forcé. L'entreprise serait différente à son retour.

Le 1er juin, les collègues de BerryWay se réunirent avec Sean Baker et le reste de l'équipe de conseillers de Todd. Les collègues firent le point sur l'état d'avancement de toutes les initiatives d'autogestion, y compris les accords de responsabilité des collègues, les indicateurs clés de performance, l'initiative de processus d'affaires et tous les autres aspects. À l'exception de Scott, l'équipe de direction de Todd se mobilisa et fit un excellent travail de coordination pour mener la vision de Todd jusqu'au point d'adoption. Il ne restait plus qu'à faire adopter par les collègues une déclaration officielle d'autogestion, rédigée plus tôt par Todd.

Sean ouvrit la réunion.

— Je comprends que vous avez eu beaucoup de réunions et fait beaucoup de travail. Et vous avez eu l'occasion de lire la simple déclaration d'autogestion de Todd. Que voulez-vous faire ?

David leva la main.

— Je voudrais proposer que nous adoptions l'autogestion comme mode de vie à BerryWay, dès aujourd'hui, en utilisant les systèmes et les outils que nous avons développés. Il est impossible que quiconque travaille ici puisse dire qu'il n'a pas eu l'occasion de s'exprimer sur cette question. Si quelqu'un ici ne sait pas ce qu'est l'autogestion à l'heure actuelle, il ne le saura probablement jamais. Il est temps de se déclarer.

— D'autres commentaires ? Des objections ? Des questions ? demanda Sean une dernière fois. N'en entendant aucune, nous pouvons tous supposer que nous sommes prêts à aller de l'avant. Je vais faire circuler cette déclaration pour que vous la signiez, et je vais annoncer la nouvelle à Todd, je sais qu'il appréciera de l'entendre. Merci pour votre temps, et bonne chance !

Il savait, grâce à ses conversations avec Todd et Deborah, que presque tout le travail de base avait déjà été fait, et que la déclaration était surtout une formalité. Néanmoins, elle représentait une rupture symbolique avec le passé et serait significative pour ceux qui y participeraient. Il trouvait également intéressant que Scott, le responsable de la production, ne soit pas présent à la réunion. Il prit note de le mentionner à Todd.

Todd regarda le tube dans son bras, qui lui fournit les produits chimiques toxiques dont il avait besoin pour combattre sa maladie. L'opération s'était bien passée, et toutes les traces visibles du cancer avaient été enlevées. Il devait subir six mois de chimiothérapie, mais n'aurait pas à subir de radiations, ce dont il était reconnaissant. Sean entra dans la pièce avec un grand sourire.

— Eh bien, on dirait que tu as une entreprise autogérée, dit-il. Félicitations !

— Merci, Sean. J'apprécie que tu t'occupes de cette dernière partie de l'affaire pour moi. Ils m'ont dit que je pourrais reprendre le travail dans deux semaines, et je ne peux pas attendre. Je suis en train de devenir fou ici.

— Je trouve que ton équipe de direction fait un travail remarquable, Todd, poursuivit Sean. J'ai une inquiétude, cependant. Scott Thorsen n'était pas à la réunion finale. Quel est son point de vue ?

— C'est assez surprenant, et pourtant, assez peu surprenant, observa Todd. De tous les dirigeants de l'entreprise, c'est lui qui a dressé le plus de barrières à l'autogestion. Je pense qu'il est juste de s'attendre à un peu de résistance, étant donné son passé dans des organisations traditionnelles, mais je me serais attendu à ce qu'il soit là, sauf en cas d'urgence.

Todd prit note sur une feuille de papier de s'enquérir du niveau d'engagement de Scott lorsqu'il retournerait au travail.

Lorsque Todd revint, ses collègues l'accueillirent à la cafétéria avec un gâteau et des ballons. S'asseyant devant un gros morceau de gâteau au chocolat, il accepta les bons vœux de ses collègues, et partagea quelques blagues et taquineries sur son apparence inhabituellement légère. Bien qu'un peu fatigué, il était heureux d'être de retour et désireux de savoir comment les choses évoluaient.

Plus tard, dans son bureau, Maria le salua en l'embrassant. Elle s'exclama :

— Je suis si heureuse que tu sois de retour ! Tu nous as manqué ! Mais nous voulons que tu saches que les choses ont bien fonctionné en ton absence. Il y a une chose que tu dois savoir. L'inquiétude concernant une éventuelle campagne syndicale semble avoir été justifiée. Juste après la déclaration d'autogestion du 1er juin, Jill et un autre technicien de laboratoire, Andrew, ont tous deux démissionné. Il y avait plusieurs cartes syndicales non signées dans son bureau vacant. Je suppose que toute campagne de vérification des cartes n'a jamais eu de succès parce que vous étiez occupé à nous vendre les avantages de l'autogestion. En tout cas, nous n'avons jamais été informés de la nécessité d'organiser des élections. Il semble que la liberté gagne.

Todd remercia Maria pour la nouvelle et se dit qu'il allait devoir rencontrer Scott, et vite. Il ne pouvait pas se permettre de voir un collègue aussi influent désengagé.

Deborah s'approcha du bureau de Todd avec un air pressé.

— On dirait que nous avons l'occasion de tester notre processus de résolution des conflits. Nous avons besoin de vous pour servir de médiateur dans la résolution d'un conflit.

— Qu'est-ce qu'il y a ? demanda Todd avec curiosité.

Il n'avait jamais entendu parler d'un conflit jusqu'à maintenant.

— La rumeur circulait que Scott avait menacé de remplacer l'un de ses fournisseurs d'équipement parce qu'il n'avait pas respecté un délai, dit-elle. J'ai décidé de confronter Scott à ce sujet parce que je vois tous les bons de commande, et je savais que la soi-disant date limite n'existait pas. Il avait révisé le bon de commande pour s'assurer que le fournisseur ne pouvait pas respecter les nouvelles conditions et avait commandé le même type d'équipement auprès d'un autre fournisseur à un prix plus élevé - un fournisseur qui se trouve l'emmener en voyage de pêche en Alaska la semaine prochaine. Et vous savez quoi ? Scott a admis son comportement ! Je n'arrivais pas à le croire, tellement étranger à la culture que nous essayons de créer ici. J'étais furieuse qu'il sape tout le travail que nous avons fait à BerryWay. Et je lui ai demandé de quitter l'entreprise.

Todd regarda son associée de confiance avec admiration pour sa défense acharnée de l'entreprise.

— Tu as raison. Je suppose que nous allons découvrir à quel point l'autogestion fonctionne bien maintenant.

Deborah et Scott s'assirent de part et d'autre de la table de conférence, sans se regarder. Todd entra dans la pièce et ferma la porte.

— Où en sommes-nous ? dit-il, en prenant une chaise en bout de table.

— Eh bien, nous sommes à l'étape deux, dit Deborah. J'ai fait une demande, Scott a refusé. Maintenant, nous aimerions que vous soyez le médiateur de notre conflit. Il semblerait que nous soyons dans une impasse.

— Qu'est-ce que tu as à dire, Scott ? demanda Todd poliment. Apparemment, tu n'as pas réussi à persuader ta collègue, Deborah, du bien-fondé de ta position jusqu'à présent. Que peux-tu me dire qui changera les choses ?

— Je suis un professionnel autogéré, répondit Scott. La décision d'acheter des équipements pour la zone de production m'appartient. Cela signifie que j'ai le choix de l'endroit où l'acheter.

— Je vois, répondit Todd. Passons en revue les faits. Deborah dit que tu as révisé un bon de commande pour ajouter un délai de livraison qui ne faisait pas partie de ton accord initial avec le fournisseur. Est-ce exact ?

Le silence de Scott répondit pour lui.

— Je vois en outre que tu as en fait payé un prix plus élevé pour la même pièce d'équipement en l'achetant auprès d'un fabricant différent - vrai ?

Todd continua sans relâche. Scott baissa les yeux vers le sol.

— Enfin, on me dit que ce deuxième fabricant t'emmène en voyage de pêche en Alaska la semaine prochaine, tous frais payés - vrai ?

Todd poursuivit avec la précision du scalpel d'un chirurgien. Scott n'avait rien à dire.

— Voici comment je vois les choses, Scott, insista Todd, voulant que ses arguments soient clairs comme de l'eau de roche. Regardons la mission. Nous créons des expériences alimentaires mémorables provenant de la Willamette Valley grâce à la valeur, la qualité et le service. Je ne vois pas très bien en quoi le fait de surpayer un équipement apporte de la valeur. Peux-tu m'éclairer ? De plus, le paragraphe cinq de nos valeurs et principes stipule : Nous acceptons de nous conduire avec éthique, honnêteté et intégrité à tout moment. Je ne vois pas vraiment en quoi le fait de modifier rétroactivement un contrat pour le rendre unilatéral a quelque chose à voir avec l'éthique, l'honnêteté et l'intégrité. Ce qui m'amène au paragraphe 11 : «Nous acceptons de structurer nos accords de manière à ce que toutes les parties en bénéficient». Il ne semble pas que le fournisseur initial ait bénéficié de beaucoup d'avantages, n'est-ce pas ? Avons-nous vraiment besoin d'explorer le voyage de pêche aussi ?

— Eh bien, selon nos principes d'autogestion, vous n'avez pas l'autorité unilatérale de me licencier, dit finalement Scott.

— Tu as raison, Scott ! répondit Todd. Réfléchis-y, cependant. Veux-tu vraiment admettre ce comportement devant un groupe de collègues ? Il est assez clair pour moi que ce que tu fais ici est mal, et je préférerais personnellement ne pas m'associer avec toi professionnellement après ça.

— Très bien. Je trouverai un autre endroit pour travailler, dit Scott. Mais qu'est-ce qui vous rend si intelligent, de toute façon, pour que vous puissiez déraciner la culture d'une entreprise et changer totalement la façon dont nous faisons des affaires ?

Todd se pencha lentement en avant, ramena ses deux bras devant lui sur la table et fixa son désormais ancien collègue avec des yeux d'acier bleu froid.

— Tu as tout à fait raison. Je ne suis pas si intelligent, Scott. Vraiment. Je suis juste un gardien de la mission.

Après l'échange avec Scott, Megan, l'une des scientifiques de Berryway chargée du développement des produits, demanda à Todd d'arbitrer une divergence d'opinion avec un autre scientifique concernant les choix de produits à tester sur le marché au cours de la prochaine année fiscale. Les deux techniciens avaient gardé du respect pour l'expertise de l'autre mais étaient arrivés à des conclusions différentes sur les données relatives à la qualité et à la performance des produits et étaient dans une impasse. Todd était heureux d'aider à résoudre un problème qui semblait se prêter à un questionnement rigoureux et à une analyse statistique. Après avoir passé trois bonnes heures avec les deux collègues, ils arrivèrent à un juste milieu appuyé par un solide soutien quantitatif. Ils soutiendraient pleinement la combinaison de produits proposée par Megan pour l'année à venir, et alterneraient avec la proposition de son collègue l'année suivante.

Todd remarqua que même si la dernière médiation avait pris beaucoup plus de temps que la discussion intense avec Scott, il se sentait revigoré et plein d'énergie. Il s'amusait à nouveau. Plus intéressant encore, il avait le sentiment que son entreprise était parvenue à une décision de test de produit de la plus haute qualité.

Même si Megan et son collègue avaient pris des semaines pour préparer et discuter leurs propositions, toutes les données avaient été magnifiquement résumées pour appuyer la meilleure décision globale possible. Todd se dit qu'il n'était que le catalyseur nécessaire pour amener les deux scientifiques à un accord final. Ils avaient en eux tout le pouvoir nécessaire pour prendre la bonne décision. Il était fier d'eux et heureux du résultat.

En éteignant les lumières pour partir, Todd nota mentalement de rencontrer Teresa le lendemain. Ils devaient incorporer le concept d'autogestion dans tous les processus de gestion du personnel - recrutement, sélection, orientation, retour d'information, coaching et rémunération - et intégrer les compétences d'autogestion dans leurs modèles de compétences. La nouvelle culture rendrait inutile la gestion des autres, à condition que leurs processus la soutiennent et la renforcent. Todd se rendit compte que son rôle le plus important était désormais de nourrir cette culture.

En pénétrant dans le soleil de fin d'après-midi, Todd sourit intérieurement. Il était impatient de voir jusqu'où leur jeune entreprise pourrait s'élever sur les ailes de la liberté qu'elle venait de déployer.

Chapitre Sept
EPILOGUE

Todd regarda par sa baie vitrée, de l'autre côté de la rivière Santiam, la forêt au clair de lune, en sirotant un Pinot Noir de la Willamette Valley. Il constatait que BerryWay avait triplé sa taille initiale au cours des dernières années et approvisionnait un marché en expansion qui commençait à s'étendre à l'étranger. Todd nota avec satisfaction que la courbe de croissance de l'entreprise s'était fortement redressée après l'adoption de l'autogestion, accompagnée d'une solide rentabilité. Le chemin avait été semé d'embûches et d'apprentissages. Sa vision de la vie avait changé à la suite de sa maladie. Chaque moment était plus inestimable. Lui et Sarah avaient accueilli un fils l'année précédente, et Todd pensait aux joies de la paternité, d'être un mari, et au don de collègues et d'amis dévoués.

Il regarda sa jeune famille qui jouait sur le grand tapis brun devant la cheminée.

La liberté est une chose merveilleuse, pensa-t-il. *Sur le lieu de travail, pas moins qu'ailleurs, la liberté fonctionne.*

Il se leva, embrassa sa femme et son fils, et alla se coucher.

Chapitre Huit
L'AUTOGESTION AU SEIN DE L'ORGANISATION

W.L Gore And Associates

Il y a une raison pour laquelle W. L. Gore se classe régulièrement dans le peloton de tête de la liste annuelle des «100
meilleures entreprises pour lesquelles travailler» du magazine
Fortune : les gens aiment travailler dans un environnement innovant et auto-organisé. Comme l'a écrit Alan Deutschman dans Fast
Company en 2004 : «Livre après livre, l'entreprise la plus innovante
d'Amérique est W. L. Gore & Associates.»[2] L'esprit d'innovation de
Gore s'étend bien au-delà des produits Gore, jusqu'au cœur existentiel
de son système organisationnel. Il embrasse implicitement l'essence de
l'autogestion en mettant l'accent sur le travail d'équipe, le leadership
naturel, la liberté relative et l'initiative individuelle.

Joyce Bowlsbey, ancienne cadre de Gore, nous a rencontrés, un
collègue et moi, à l'usine de tissu W. L. Gore Elk Mills, située dans
les collines verdoyantes de la campagne du Maryland, juste à l'ouest
de Newark (Delaware), par une matinée pluvieuse de juin. Fabricant
de vêtements de plein air haute performance, de fil dentaire Glide
(vendu à Procter and Gamble en 2003), de cordes de guitare Elixir et

---

[2]   https://www.fastcompany.com/51733/fabric-creativity

de matériaux industriels et d'isolation, Gore est devenu célèbre dans les livres d'affaires à succès de Tom Peter pour sa célèbre structure organisationnelle en «treillis».

Joyce était associée de Gore (tous les employés de Gore sont appelés associés) depuis dix-huit ans. Elle était la principale vendeuse interne de la division tissus, probablement la plus connue de toutes les divisions de Gore. Son mari travaillait chez Gore depuis 33 ans ; il était le 64ème associé embauché par Bill Gore au début de la société. Représentante avisée et éloquente de la société, Joyce était très ouverte sur la fameuse structure en treillis.

Joyce a été un visage public pour Gore. Elle était impliquée dans les discours publics, active dans sa communauté et connaissait bien tous les aspects de la culture et de la philosophie organisationnelle de Gore. Elle a continué à travailler chez Gore parce qu'elle aimait son travail et croyait aux idéaux et à la philosophie de Gore. Elle était extraordinairement gracieuse, généreuse de son temps et patiente avec nos questions.

L'usine Elk Mills #5, une installation de 23 000 pieds carrés, n'avait qu'un mois au moment de notre visite. Ce beau bâtiment, d'une propreté éclatante, n'avait pas encore atteint sa pleine capacité. Une poignée d'associés travaillaient dans l'ensemble de l'usine. Nous avons visité la plupart des parties de l'usine, notamment le laboratoire de R&D, l'atelier de production et la zone de distribution.

L'usine emploierait finalement environ 200 associés par équipe, à raison de deux équipes par jour, ce qui constitue un changement technique par rapport à la philosophie initiale de Gore, qui consistait à n'employer que 200 associés par usine afin de maintenir la familiarité entre les associés. Il était évident que la simple économie de production motivait la décision d'agrandir la taille de cette nouvelle usine, qui fabriquerait de grandes quantités de vêtements pour des revendeurs comme Columbia Sportswear et Northface. Parmi les autres clients importants de Gore, on comptait le ministère de la Défense, la NASA et diverses agences de police du monde entier.

Dans les laboratoires climatiques de Gore, des étudiants locaux se soumettraient bientôt à de fortes variations de température et d'humidité pour tester des vêtements extrêmes. Dans une «salle de pluie» de deux étages, des vêtements, parfois portés par des volontaires, seraient exposés à différentes pressions de pluie artificielle pour tester leur imperméabilité. La qualité était assurée dans un grand laboratoire où des machines et des chercheurs humains étiraient, tiraient, déchiraient et lavaient à plusieurs reprises des tissus bruts et finis.

Gore était à juste titre fier de son héritage, mis en valeur par une grande vitrine contenant ses vêtements les plus célèbres, notamment la combinaison de froid portée par l'explorateur Will Steger lors de ses expéditions en Arctique, des combinaisons de vol, des combinaisons de navigation en mer, des maillots de football et d'autres exemples fascinants de «vêtements extrêmes». Gore a également accordé une grande importance à la première impression des visiteurs. La zone de réception confortable et spacieuse et la cafétéria bien approvisionnée étaient chaleureuses et conviviales, avec un personnel aimable et sympathique qui nous a fait sentir les bienvenus dès notre arrivée.

La zone de production et les zones de stockage et d'expédition des stocks étaient, en un mot, énormes. Ces zones constituaient la majeure partie de l'installation géante. De grandes étagères de stockage de tissus, partiellement remplies de gros rouleaux de tissus divers, parsèment l'installation. De gigantesques métiers à tisser automatisés, commandés de main de maître par un seul associé, ronronnaient en arrière-plan. Le processus de base consistait à transformer le tissu brut en matériau résistant à l'eau Gore-Tex pour fabriquer des parkas, des pantalons, des bottes, des chaussettes et d'autres vêtements. Les espaces vides caverneux seraient bientôt remplis de stocks de matières premières et de produits finis, en prévision de la production à plein régime. Les processus de production semblaient être assez standardisés pour limiter la variabilité et les erreurs. L'équilibrage des lignes semblait être le principal défi de la production. Gore a formé ses associés de manière transversale et leur a appris à aider les goulots d'étranglement de la production si nécessaire pour maintenir un flux de production régulier.

Des bureaux modulaires autoportants occupaient une autre partie de l'installation. Les espaces de bureaux étaient organisés par fonction : Le personnel administratif était regroupé, tout comme les associés de vente. Des bureaux temporaires étaient réservés aux associés de passage qui avaient besoin d'un espace de travail avec un bureau, un téléphone et un ordinateur. Parsemées dans la zone des bureaux, des mini-salles de conférence - avec tables, chevalets et téléphones - étaient prévues pour des réunions de deux à sept personnes. Il y avait même des salles de réunion plus petites, également équipées, pouvant accueillir une à trois personnes. C'est dans l'une de ces petites salles que nous avons rencontré Joyce pour discuter de la philosophie organisationnelle de Gore après notre visite. Les seuls bureaux traditionnels que nous avons observés appartenaient aux associés des ressources humaines (pour des raisons de confidentialité) et aux chercheurs en assurance qualité près des laboratoires. Le grand bureau principal était clairement conçu pour promouvoir la communication interactive et le partage d'informations.

Joyce a décrit la culture générale de l'entreprise comme étant en transition. Bill Gore, la dynamo entrepreneuriale qui avait créé W. L. Gore and Associates avec sa femme et partenaire Genevieve («Vieve» pour les associés de Gore) dans le sous-sol de leur maison de Newark, dans le Delaware, en 1958, était décédé plusieurs années auparavant. Son fils, Bob Gore, était le président au moment de notre visite. L'entreprise était en train d'identifier les membres de l'organisation qui ne faisaient pas partie de la famille et qui pouvaient apporter l'énergie, la vision et la stratégie nécessaires pour faire entrer l'entreprise dans le siècle à venir.[3]

Joyce a décrit la Gore Company qu'elle a connue lorsqu'elle est arrivée au travail dix-huit ans plus tôt, alors que Bill Gore était encore la force entrepreneuriale de l'entreprise. Bill passait d'innombrables heures dans les usines à discuter avec les associés de tous les aspects de leur travail. Sa personnalité était compétitive, dynamique et pratique. À cette époque, l'entreprise avait un caractère très familial et paternaliste, où tout le monde travaillait et socialisait ensemble. Depuis la mort de Bill, l'entreprise a dépassé son atmosphère de

---

[3]   Terri Kelly became President and CEO in 2005.

127

petite entreprise familiale, devenant un peu plus impersonnelle et moins conviviale (à l'exception du pique-nique annuel de l'entreprise et de la fête de Noël). Selon Joyce, l'augmentation du nombre de litiges liés à l'emploi - des problèmes qui n'étaient évidemment pas propres à W. L. Gore - a également nui à l'atmosphère ouverte et amusante qui régnait à l'origine. Joyce pensait qu'il faudrait plus de temps à l'avenir pour orienter les nouveaux associés vers l'idée d'un engagement envers la mission et les principes.

La structure organisationnelle de base de Gore est plate. Tout le monde peut discuter de n'importe quelle question avec n'importe qui d'autre, jusqu'au PDG inclus. L'entreprise décrit cette structure comme une organisation en treillis, c'est-à-dire un réseau horizontal de pairs. Gore aime souligner que personne chez eux n'est désigné comme leader. Les leaders émergent naturellement, définis par leurs adeptes.

Chaque division de Gore a sa propre déclaration de mission, et chaque associé crée sa propre déclaration de mission commerciale personnelle. Les déclarations de mission individuelles sont idéalement examinées et révisées chaque année. Plus importants que les énoncés de mission, cependant, sont les quatre principes clés de Bill Gore, que Joyce récite facilement de mémoire :

La liberté : Nous nous encourageons mutuellement à progresser en termes de connaissances, de compétences, d'étendue des responsabilités et de gamme d'activités. Nous pensons que les associés dépasseront les attentes lorsqu'on leur donne la liberté de le faire.

L'équité : Chacun chez Gore s'efforce sincèrement d'être équitable avec les autres, nos fournisseurs, nos clients et toute autre personne avec qui nous faisons des affaires.

Engagement : On ne nous assigne pas de tâches, mais chacun prend ses propres engagements et les tient.

Ligne de flottaison : Chacun chez Gore consulte d'autres associés bien informés avant de prendre des mesures qui pourraient être «sous la ligne de flottaison» et causer de graves dommages à l'entreprise.

Pour aider chaque associé de Gore à adhérer à ces principes clés et à remplir sa mission, chaque nouvel associé se voit attribuer un parrain. Le rôle de parrain n'est pas synonyme de gestion hiérarchique ou de supervision traditionnelle. Les parrains sont généralement choisis en raison de leurs compétences relationnelles - leur capacité à inspirer confiance - et sont des personnes vers lesquelles les autres gravitent naturellement pour obtenir soutien et aide. En général, les parrains sont responsables d'environ cinq associés à la fois. Pour un associé, un parrain est à la fois un coach, un mentor, une caisse de résonance, un défenseur et un sherpa. Les parrains jouent un rôle crucial dans l'intégration des nouveaux associés et leur maintien sur la bonne voie. Ils ont le rôle officiel de suivre de manière proactive les progrès d'un associé et de l'aider si nécessaire, mais en tant que conseiller et non en tant que patron. Le parrain donne généralement à un nouveau collaborateur une évaluation verbale après six mois et une évaluation écrite après douze mois. Une évaluation à douze mois est donnée à tous les associés. Joyce a estimé que le parrainage formel était une force d'entraînement puissante pour promouvoir les valeurs et les principes de Gore.

Chaque associé de Gore, qu'il soit nouveau ou en poste, a un parrain. Lorsqu'un collaborateur s'adresse à son parrain pour lui soumettre un problème (tel qu'un conflit avec un autre collaborateur), le parrain est formé à jouer des scénarios potentiels pour aider le collaborateur à visualiser et à résoudre lui-même le problème. Tous les associés sont formés à utiliser les dialogues en «je» avec les autres associés. Par exemple, il ne s'agit pas de dire «tu me mets toujours en colère», mais plutôt «je me sens contrarié quand tu fais ça». Il existe trois types de parrains : les parrains de départ, les parrains de contribution et les parrains de compensation. Ces rôles peuvent être répartis entre différents parrains ou incarnés par un seul parrain. Les associés ont le droit de demander un nouveau parrain en fonction de leur personnalité.

Comme dans toutes les organisations humaines, Gore a sa part de problèmes de personnel, d'ego et de conflits de personnalité. En tant que premiers à rencontrer ces problèmes, les parrains documentent soigneusement et encadrent les associés de manière appropriée. Tout est mis en œuvre pour résoudre un problème afin d'éviter de licencier un associé. Gore encourage et forme fortement son personnel à une communication interpersonnelle efficace. Par exemple, tous les associés suivent une formation sur l'efficacité du leadership (LET) pendant l'orientation afin d'apprendre les techniques de résolution des problèmes et des conflits. Cette formation semble avoir une influence extraordinaire sur l'enseignement de solutions constructives aux problèmes avant qu'ils ne s'aggravent.

Outre sa philosophie organisationnelle unique, Gore est largement reconnue comme l'une des entreprises les plus innovantes de la planète, offrant des résultats étonnants à ses clients. (Après tout, si le monde n'appréciait pas les produits Gore, sa structure organisationnelle n'aurait pas beaucoup d'importance). Mais il semble évident que Gore doit une grande partie de sa réputation d'innovation à son organisation en treillis flexible.

Preuve de la symbiose entre la réputation d'innovation technique de Gore et sa structure organisationnelle autogérée, les associés de la recherche et du développement ont la liberté de former des équipes flexibles autour de projets de recherche spécifiques. Les chercheurs de Gore se regroupent librement pour étudier et rechercher une innovation particulière jusqu'à sa conclusion logique, puis se dissolvent et forment de nouvelles équipes sur la base de nouvelles innovations.

L'un des meilleurs exemples d'innovation est l'invention des cordes de guitare Elixir, résumée dans un article de Gary Haber sur DelawareOnline[4] :

Elixir, qui a fait ses débuts en 1997, est née de l'esprit d'un employé de W. L. Gore dans la division des produits médicaux de l'entreprise, un musicien qui a affiné l'idée pendant ce que l'entreprise appelle le «dabble time», les heures non programmées qu'elle accorde à ses employés pour qu'ils se lancent dans des projets qui les

---

[4]   Gary Haber, *W. L. Gore: Weathering 50 Years of Change*, DelawareOnline, January 6, 2008.

intéressent. Joyce a magnifiquement résumé la philosophie organisationnelle de Gore avec sa propre liste de points :

1. Pas d'autorité fixe ou assignée
2. Leadership naturel défini par un suivi naturel
3. Objectifs établis par consensus
4. Communication de personne à personne encouragée
5. Tâches et fonctions organisées par engagements

W. L. Gore & Associates fait manifestement figure de pionnier en épousant et en appliquant avec succès des concepts qui en ont fait une icône de la liberté sur le lieu de travail.

NUCOR

À première vue, une entreprise sidérurgique ne semble pas être un candidat naturel pour l'autogestion organisationnelle : Des fonctions distinctes et étroitement définies doivent être hautement concentrées et coordonnées dans un processus unifié et bien géré. Le produit final doit être stocké, vendu et expédié le plus rapidement possible au prix le plus élevé possible. Y a-t-il de la place pour l'autogestion ?

Par une journée ensoleillée de fin septembre, le sympathique vice-président des ressources humaines, Jim Coblin, nous a accueillis, un collègue et moi, avec une poignée de main ferme au siège modeste et confortable de Nucor à Charlotte, en Caroline du Nord. Nous avons vite appris que Nucor connaît mieux que quiconque le bas de gamme du marché de l'acier de base. Nous avons appris qu'ils savent vraiment comment constituer des équipes de personnes engagées, motivées et auto-organisées. Nous avons également appris que Nucor est un moteur d'autogestion à haute performance avec une couche ultra-mince de structure traditionnelle.

Jim nous a parlé du concept d'équipe de Nucor, où Nucor forme des équipes autour de fonctions telles que le moulage, le laminage, le redressage, la fusion et l'expédition. Les membres des équipes commencent avec des salaires de base relativement bas, de l'ordre de 8 à 10 dollars de l'heure (le concurrent syndiqué U.S. Steel paie 18 à 19 dollars de l'heure).

Des primes de performance hebdomadaires très élevées stimulent les performances. Nucor base les primes de rendement hebdomadaires sur la productivité - Tonnes d'acier de qualité produites par semaine (par équipe fonctionnelle). Ces primes, auxquelles le département financier s'était initialement opposé parce qu'elles étaient trop risquées, ne sont pas liées aux bénéfices. Jim explique que le plan d'incitation à la production couvre 80 % de la main-d'œuvre de Nucor et que les primes peuvent représenter 100 % du salaire de base, sans aucun plafond. Nucor verse à son personnel de maintenance la prime moyenne des équipes servies pendant la semaine. Il n'est pas surprenant que tout le monde suive la mesure de la qualité des tonnes d'acier par semaine, mais les directeurs d'usine et les autres dirigeants sont censés suivre bien plus que cela.

Le plan de primes de production de Nucor se caractérise par sa simplicité et sa grande clarté. Chaque employé de Nucor peut expliquer le programme de primes, suivre les chiffres de production au fur et à mesure de leur mise à jour et prévoir le montant de ses propres primes. Il n'y a pas de politique dans le système puisque toutes les primes sont 100 % non discrétionnaires et entièrement basées sur les performances.

Les objectifs de production - fixés à environ 80 % de la capacité de l'équipement - restent constants et ne sont pas relevés par l'augmentation du débit. Un objectif majeur est que chacun s'engage dans le plan de primes. Une prime typique est de 5% du salaire de base d'un travailleur pour chaque tonne d'acier au-delà de 8 tonnes/heure, tant que la qualité du produit est acceptable. Un ouvrier redressant 30 tonnes d'acier à l'heure, sur un équipement conçu pour redresser 10 tonnes à l'heure, peut recevoir 24 dollars de l'heure pendant les heures supplémentaires sur un salaire de base de 8 dollars de l'heure (payé à temps et demi). Travailler en heures supplémentaires peut vraiment rapporter gros, puisque les heures supplémentaires sont payées sur le taux de prime, et non sur le taux de base. L'évolution du coût de la vie guide généralement tout ajustement annuel du salaire de base des travailleurs de la production.

Nucor a des cadres, mais très peu de niveaux. Les cadres sont conscients qu'ils sont là pour aider les personnes qui effectuent le travail réel, et non pour les diriger. Les travailleurs horaires sont vivement encouragés à dire aux managers de quelles ressources ils ont besoin pour faire leur travail et quels sont les obstacles à la performance qui doivent être éliminés.

Nucor cultive sa culture unique avec soin, en dotant intentionnellement les nouvelles équipes de personnes expérimentées. Ce n'est que lorsque les membres de l'équipe ont pleinement absorbé les connaissances et les compétences nécessaires pour atteindre un niveau élevé que l'équipe est libérée pour faire son travail.

La culture possède des attributs clés et des compréhensions tacites qui guident les performances. Il existe des règles très claires sur le lieu de travail : Si vous êtes en retard, vous perdez votre prime pour la journée. Si vous êtes absent, vous perdez votre prime pour la semaine. Comme on pouvait s'y attendre, l'incidence de l'absentéisme et des retards tend vers zéro, ce qui donne à Nucor un énorme avantage concurrentiel dans son secteur largement syndiqué. La clarté des règles empêche la politique, ce que les employés de Nucor apprécient.

L'excursion de Nucor dans les rapides tourbillons de l'autogestion est guidée par son «système judiciaire officieux», invisible mais rigoureux. Pourquoi avoir des niveaux de gestion, alors que les collègues eux-mêmes se surveillent mutuellement et maintiennent la culture de la performance ? La responsabilité des pairs (ou pression des pairs) est un puissant facteur d'influence sur les performances chez Nucor. Jim a noté que, parfois, des travailleurs ont littéralement chassé des collègues paresseux du chantier. Et pourquoi pas ? Permettre à un collègue de Nucor de déraper est un coup financier personnel direct. Nucor n'autorise aucun remplacement ; lorsqu'une personne est absente, les autres membres de l'équipe prennent le relais. Si les collègues de Nucor recommandent souvent des amis et des parents, ils ont tendance à ne pas recommander ceux qui se relâcheraient - ce qui leur rapporterait des primes. Les employés de l'usine ne sont toutefois pas directement impliqués dans le processus de sélection.

Nucor doit faire quelque chose de bien. Elle jouit d'un mariage harmonieux entre le coût de la main-d'œuvre par tonne le plus bas du secteur et la main-d'œuvre sidérurgique la mieux payée au monde. Parce que le monde apprécie ce que l'entreprise produit, Nucor n'a jamais eu besoin de licencier qui que ce soit ; un grand avantage économique pour les zones semi-rurales où Nucor implante ses mini-usines. La loyauté de la main-d'œuvre n'est pas non plus en cause lorsque l'on emploie des diplômés du secondaire qui gagnent 75 000 à 80 000 dollars par an, ont le droit d'acheter des actions Nucor à prix réduit et participent à un plan 401k.

Bien qu'elle ne soit pas syndiquée, Nucor applique une procédure régulière. Les employés sont autorisés à déposer des griefs et à faire appel des résultats. Les employés de Nucor n'aiment pas nécessairement les équipes tournantes exigées par une production 24 heures sur 24, mais le salaire et les avantages, associés à une culture de soutien, font de Nucor un lieu de travail attrayant.

D'un point de vue philosophique, Nucor ne traite pas son administration générale et ses vendeurs différemment des ouvriers de l'usine - un marqueur culturel important. Un chef de service peut avoir un salaire de base inférieur de 20 à 25 % à celui du marché, mais recevoir une prime annuelle basée sur le rendement des actifs de son usine, soit en moyenne 75 % de son salaire de base. D'autres professionnels reçoivent un salaire ou un traitement relatif au marché du travail global (il serait difficile de trouver une secrétaire prête à travailler pour 75 % du taux du marché du travail) mais peuvent recevoir jusqu'à 30 % du salaire de base par rapport au rendement des actifs de leur usine. Le personnel du siège social reçoit une prime basée sur le ROA de toutes les usines Nucor réunies.

À l'instar de W. L. Gore & Associates, les usines de Nucor sont essentiellement des entités autonomes, chacune étant dirigée par un directeur d'usine ayant le statut de vice-président ou de cadre supérieur. Chaque usine gère ses propres salaires, ses ventes, ses achats et ses affaires juridiques. Les responsabilités les plus critiques pour la mission sont la gestion des ressources humaines, l'approvisionnement en énergie et en matières premières. La rémunération des cadres, y compris celle des directeurs d'usine, est généralement basée sur le rendement des capitaux propres de l'ensemble de l'entreprise, ce qui encourage la collaboration et la fertilisation croisée des idées entre les usines. Les gestionnaires intelligents savent quand demander de l'aide - un attribut clé de l'autogestion efficace. L'échec managérial est généralement imputable à un manque de compétences interpersonnelles.

La culture de la vieille école chez Nucor disait que les directeurs d'usine et les vice-présidents devaient développer leur propre carrière. La nouvelle philosophie éclairée veut que Nucor les aide à devenir des leaders. Un formateur/coach interne se rend désormais dans toutes les usines de Nucor pour faire participer ses collègues à ce que l'on appelle la formation «NU Performance». Comme les emplois changent, la formation aide les travailleurs à rester à jour. Les outils comprennent une formation au modèle de développement du leadership Be-Know-Do (BKD), qui a fait ses preuves, une clarification des attentes et un exercice de jeu de type Monopoly «Dollars et tonnes» conçu pour enseigner les aspects économiques de l'industrie sidérurgique de manière divertissante. Les nouveaux managers sont formés à se comporter comme des diacres dans une église : être comme des serviteurs, ne pas émettre d'édits, ne pas perdre de temps en réunions, ne pas créer de groupes de travail, écouter, rendre des comptes, être sur le terrain et encourager tous les employés à leur poser des questions.

Adhérant implicitement au concept de competere (chercher ensemble), chaque usine possède sa propre comptabilité, y compris un compte de résultat. Quel meilleur moyen d'encourager une concurrence éclairée entre les usines que de les comparer à l'indicateur financier ultime ? Les équipes observent les montants des primes des usines sœurs et tentent d'identifier les facteurs qui expliquent leurs bonnes performances. Nucor, tirant pleinement parti de l'initiative et de l'autogestion des employés, paiera pour que les employés prennent l'avion afin d'inspecter les meilleures pratiques dans d'autres usines, où ils s'engagent dans une comparaison concurrentielle sérieuse.

Tous les employés de Nucor participent anonymement à une enquête annuelle de Mercer, composée d'une cinquantaine de questions. Dans l'ensemble, les employés donnent une bonne note à Nucor, notamment en ce qui concerne le salaire et les primes, et une note plus basse pour les promotions (il n'y a pas beaucoup de possibilités d'avancement dans l'organisation). La dernière question de l'enquête est la suivante : «Si vous pouviez changer une chose chez Nucor, quelle serait-elle ?». Cette question cruciale produit des données riches chaque année, révélant des situations nécessitant une enquête et une action immédiates.

Nucor a tendance à avoir le moins d'accidents lorsque le débit de production est élevé et que les usines fonctionnent à plein régime. L'entreprise jouit d'une superbe culture de la sécurité de la qualité, motivée en partie par le fait que les blessures ralentissent la production, ce qui coûte de l'argent aux primes.

Nucor ne procède pas à des évaluations de performance - elles sont considérées comme une perte de temps coûteuse. Comme l'a dit un directeur : «Je saurai si vous faites du bon travail en fonction de ce que les autres disent de vous». Les évaluations peuvent même être contre-productives ; un historique de bonnes évaluations combiné à un manque de promotion engendre de la frustration. Les collègues des RH des entreprises sont de précieux conseillers pour les usines. Ils s'assurent, par exemple, que les directeurs d'usine embauchent et licencient pour les bonnes raisons. Les administrateurs locaux gèrent les ressources humaines au jour le jour dans chaque usine.

Nucor publie en interne tous les postes à partir du niveau de supervision. Chaque directeur d'usine recrute ses directeurs de département respectifs avec l'aide du siège, en utilisant un modèle psychologique validé, développé en interne, qui permet de prédire le succès d'un leader. Nucor a besoin de dirigeants qui écoutent, ne portent pas de jugement excessif, ne sont pas colériques, réfléchissent et sont prêts à admettre leurs erreurs. Ils sont formés à dire «oui» aux travailleurs chaque fois qu'ils le peuvent, car ils devront souvent dire «non». Nucor s'efforce d'avoir quelques politiques très claires et très peu de documentation (bien que les marchés mondiaux entraînent le besoin de plus de documentation, par le biais d'initiatives comme ISO 9000). Les employés sont-ils libres de s'exprimer ? Dans un établissement, la main-d'œuvre a rédigé et adopté sa propre politique de port de casque, un exemple d'autogestion en action.

L'ensemble des avantages sociaux est une autre force qui lie les employés à Nucor. Un grand succès : Le programme de bourses d'études des employés de Nucor. La formation moyenne des employés de Nucor est de treize ans. Nucor verse 3 000 dollars par an pour chaque enfant d'un employé en âge de fréquenter l'université, jusqu'à quatre ans d'études. L'entreprise a récemment compté 790 enfants participants.[5] Nucor considère que le programme géré par la fondation est sa contribution à l'avenir de l'Amérique.

Outre son programme de bourses d'études, le programme d'avantages sociaux standard est assez basique (pensez à Chevrolet plutôt qu'à Mercedes-Benz). Nucor offre huit jours fériés, deux semaines de vacances (trois semaines après dix ans) et un plan médical catastrophique PPO décent, sans fioritures. Nucor partage ses bénéfices en investissant 10 % des gains avant impôts de l'entreprise dans une fiducie pour les employés, tous les employés en dessous du niveau de vice-président recevant une part (basée sur le montant de leurs gains W-2 en pourcentage de tous les W-2). Le montant moyen versé l'année dernière (notre entretien a eu lieu en 2006) était de 17 000 dollars par employé. (Les employés participant au plan 401(k) de Nucor peuvent bénéficier d'une contrepartie de l'employeur comprise entre 5 % et 25 % en fonction de leur niveau de cotisation individuel.

Bien qu'il ne soit pas totalement plat, Nucor s'efforce d'effacer les distinctions de classe qui infectent d'autres entreprises - par exemple, en mettant les noms des 7 000 employés dans son rapport annuel, et en communiquant sur le fait que l'autorité du leadership vient du

---

[5]   Jim Collins relates the story of the Nucor employee with nine children who cried upon learning that the company would pay for four years of schooling for each of them. Collins, Jim *Good to Great*. Harper Business, 2001. 137.

fait que les gens vous acceptent comme un leader naturel, et non du titre ou de la position.[6]

Nucor présente plusieurs caractéristiques d'autogestion. Elle dispose d'un puissant système judiciaire non officiel qui exploite massivement les capacités de leadership de ses employés, leur permettant d'être des consultants, des mentors et des serviteurs. Elle possède également une forte culture de la performance qui repose sur des systèmes de retour d'information simples mais élégants. Les mesures de performance (en particulier les tonnes d'acier de qualité par semaine) remplissent le double rôle de stimuler la production tout en renforçant le système de justice pour la responsabilisation des employés. Nucor s'est révélé être un excellent laboratoire pour l'innovation organisationnelle.

DELANCEY STREET FOUNDATION

Dans le monde des organisations qui changent la vie, la Delancey Street Foundation a peu d'égaux. La vision du Dr Mimi Silbert d'un programme résidentiel destiné à aider les gens à se construire une vie intègre et utile a débuté en 1971 à San Francisco et s'est étendue à cinq autres sites aux États-Unis. Elle a aidé des milliers d'anciens toxicomanes, de condamnés et de personnes démunies à restaurer leur vie grâce à une autogestion efficace et responsable. La capacité de Delancey Street à gérer six établissements sans personnel ni financement témoigne de son étonnante efficacité ; elle ne sollicite jamais de fonds ni ne cherche à développer des donateurs car ses propres résidents sont la principale source d'amélioration. C'est là que les gens vont quand ils n'ont nulle part où aller. Où d'autre peut-on trouver d'anciens ennemis des gangs vivant côte à côte en parfaite harmonie ?

Par une belle journée de printemps, un collègue et moi avons visité les installations du siège de San Francisco, au bord de la baie. Carol Kizziah, chef de projet et consultante pour Delancey Street

---

[6]   Collins, Jim *Good to Great*. Harper Business, 2001.

depuis les années 1970 (et connaissant parfaitement tous les aspects de l'organisation), nous a accueillis chaleureusement et nous a dirigés vers un théâtre sur le campus pour une orientation et une visite. Carol a joué un rôle déterminant dans la coordination de nombreux partenariats et projets clés de Delancey Street au fil des ans, et nous étions impatients d'en apprendre davantage sur elle après notre visite.

En entrant dans le théâtre, nous avons été rejoints par une classe de justice pénale d'une école de droit locale, également présente pour découvrir la recette du succès de Delancey. Nos guides étaient un homme et une femme qui se sont présentés comme étant entrés à Delancey Street après avoir touché le fond. Leur allure professionnelle montrait clairement que leur vie passée ne ressemblait en rien à leur vie présente. Avant d'accompagner le groupe lors d'une excellente visite, ils ont décrit avec force et émotion leur propre parcours vers la Delancey Street.

Pour devenir un résident de Delancey Street, une personne doit se porter volontaire. Il n'est pas forcément facile d'être admis. Les résidents actuels mènent des entretiens d'admission difficiles, et ils ne permettent pas de tergiverser. Comme la plupart des gens, les résidents veulent seulement vivre dans une communauté avec des personnes en qui ils peuvent raisonnablement avoir confiance. Delancey Street veut créer un environnement très sûr où les gens peuvent s'exercer à être des adultes capables de changer. Les tribunaux pénaux peuvent accorder aux individus la possibilité de demander à vivre à Delancey Street si la situation s'y prête. (Certaines catégories de crimes, comme les incendies criminels, rendront un résident potentiel inadapté). Les juges, conscients du succès de Delancey Street au cours des quatre dernières décennies, préfèrent voir un condamné changer de vie plutôt que de rester coincé dans la porte tournante du système judiciaire.

Pour rester à Delancey Street, ils doivent éviter la toxicomanie et le comportement criminel tout en obtenant un GED et au moins trois compétences commercialisables. La plupart des résidents restent dans l'établissement pendant quatre ans. (Le séjour minimum est de deux ans.) Les personnes arrivent à Delancey Street en tant que toxicomanes ou anciens détenus (ou sans abri), sans compétences et souvent analphabètes. À San Francisco, il y a environ 400 résidents à un moment donné. Delancey Street complète les compétences techniques par une formation aux valeurs et aux compétences sociales afin de permettre une efficacité personnelle et professionnelle future.

Il est intéressant de noter que, bien que Delancey Street fasse précéder chaque visite d'une brève orientation, il n'y a pas d'orientation formelle pour les nouveaux résidents. Delancey s'appuie sur une forte tradition orale pour acculturer rapidement les nouveaux résidents. L'un des principes fondamentaux de Delancey Street est «each-one-teach-one». L'idée est que chaque nouveau résident est tenu d'aider le nouveau résident suivant à s'orienter vers les valeurs et les attentes de l'établissement. Cette règle de mentorat simple mais très efficace garantit que tous les résidents reçoivent non seulement les valeurs fondamentales de Delancey Street, mais que les nouveaux résidents renforcent ces valeurs en les enseignant aux autres. Ces valeurs sont le travail, la responsabilité et le respect. Une valeur fondamentale rapidement assimilée est la politique de tolérance zéro envers les actes ou les menaces de violence. L'un ou l'autre déclenchera une expulsion immédiate. Il n'est pas surprenant que les gens aient tendance à bien se comporter une fois admis.

À la fin de notre visite, nous nous sommes assis avec Carol pour en savoir plus sur l'éducation et le travail, la responsabilité et la culture de la transformation.

L'éducation et le travail

Delancey Street utilise un modèle basé sur l'éducation. Elle considère que l'éducation est essentielle pour que les résidents se construisent une identité d'adulte qui se respecte et s'autogère. Delancey Street se définit comme un centre d'apprentissage total, où l'éducation n'est pas quelque chose qui se passe simplement dans une salle de classe, mais qui est inculquée à travers les études, le travail, le mentorat et la vie quotidienne.

À Delancey Street, l'éducation englobe toutes les compétences nécessaires à une vie adulte réussie, y compris les compétences sociales et interpersonnelles. Delancey Street demande à chaque résident d'enseigner aux autres tout au long de son expérience (each-one-teach-one). Ce tutorat individuel a lieu chaque fois que cela est nécessaire, à l'école, au travail ou dans le cadre d'activités sociales.

En plus d'intégrer l'une des nombreuses écoles de formation professionnelle, chaque résident est tenu d'obtenir un GED. Le système fonctionne sur la base d'un semestre avec des possibilités d'«études à l'étranger». Un résident qui a intégré le programme à San Francisco, par exemple, peut prendre le bus de Delancey Street pour se rendre au programme à New York pour un semestre. L'un des principaux objectifs est de donner aux gens le sentiment de réussir, afin qu'ils créent le succès en se défaisant de leurs vieilles et mauvaises habitudes et en les remplaçant par de nouvelles et efficaces. Delancey Street veut que les gens se concentrent sur leurs forces, et non sur leurs faiblesses.

Delancey Street demande aux gens de travailler dur. Elle a créé douze entreprises en utilisant un modèle d'entrepreneuriat social - en enseignant des compétences commerciales pour résoudre des problèmes sociaux. San Francisco compte un café et une librairie, un restaurant, une entreprise de déménagement et plusieurs autres. Delancey affecte chaque résident à une entreprise et lui fournit un mentor. Les résidents commencent au bas de l'échelle et gravissent les échelons, ce qui leur permet d'acquérir une solide éthique du travail, que les employeurs locaux ont appris à apprécier.

Delancey Street croit qu'il faut placer les résidents dans des emplois en dehors de leur zone de confort. Par exemple, un ancien chef cuisinier peut être affecté à l'aménagement paysager plutôt qu'au restaurant, ce qui lui apprend l'humilité. Bien que Delancey Street soit prêt à essayer de nouveaux projets d'entreprise, il accepte que tous ne réussissent pas. Les nouvelles entreprises doivent être très intensives en travail et extrêmement simples à gérer.[7] Les résidents peuvent obtenir des droits de décision et une autorité accrus en fonction de leurs performances professionnelles et de leur niveau d'énergie, ce qui encourage le travail et l'intégrité.

---

[7]   http://delanceystreetfoundation.org/wwb.php

Comme le dit Delancey Street : Le développement économique et l'audace entrepreneuriale sont essentiels à l'autosuffisance financière de notre modèle et à l'enseignement aux résidents de l'autonomie et des compétences de vie.[8]

Responsabilité

Delancey Street possède une puissante culture de la responsabilité. Elle compte sur ses résidents pour acculturer les nouveaux arrivants rapidement et efficacement.

Les résidents sont tenus d'interpeller immédiatement leurs camarades en cas de comportement préjudiciable à l'établissement, à ses résidents ou à la culture. Si un résident voit quelqu'un faire quelque chose de mal et l'ignore, il est aussi coupable que celui qui a enfreint la règle. Les résidents de Delancey Street n'ont pas peur de la confrontation, ils l'acceptent. Les résidents considèrent la confrontation comme le contraire de la délation ; il s'agit d'une volonté d'aider l'autre personne par souci et préoccupation.

Bien que la communication directe soit généralement souhaitable, son opportunité peut dépendre des circonstances. Les problèmes très graves sont portés devant un conseil de résidents pour être résolus.

Bien que les résidents soient libres de quitter Delancey Street, ils n'y sont jamais seuls - quelqu'un veille toujours sur eux. La rue Delancey offre un environnement très structuré où les gens apprennent à développer des compétences d'adulte renforcées par les petits groupes et la culture elle-même. À Delancey Street, la pression des pairs est la plus grande force de croissance et de changement.

Culture

La culture de Delancey Street ressemble à une très grande famille, car c'est exactement ce qu'elle est. Il n'y a pas d'équipe d'experts pour «réparer» les gens selon un modèle thérapeutique. Delancey

---

[8]   http://delanceystreetfoundation.org/wwb.php

Street adopte la philosophie «AS-IF» ; elle encourage les résidents à se comporter dès le premier jour comme s'ils étaient des personnes décentes et intègres, quelles que soient leurs circonstances passées ou présentes. Au fil du temps, les résidents comprennent qu'ils sont des personnes honnêtes et intègres qui travaillent dur, car c'est ce qu'ils ont appris à devenir.

Delancey Street accorde une attention particulière aux petites choses - encourager l'excellence et affronter les erreurs. Les gens de Delancey reconnaissent les petites victoires parce qu'elles s'additionnent au fil du temps et sont plus faciles à obtenir que les grandes victoires. La croissance personnelle est un processus progressif, jour après jour.

Chaque résident est affecté à une «tribu», ou groupe de pairs au sein de l'établissement. Chaque résident rencontre sa tribu pour avoir une discussion fréquente, honnête et facilitée sur les domaines à améliorer. Une fois que les résidents ont dépassé le choc initial d'un retour sans fard de leurs pairs, les séances constituent un guide puissant pour l'amélioration individuelle.

Delancey Street encourage une communication fréquente et efficace. Elle garde les gens occupés pratiquement tout le temps. Lorsque les résidents ne travaillent pas ou ne suivent pas de cours pour le GED, ils participent à des groupes de pairs, à des ateliers parentaux, à des séminaires, à des danses ou à des débats, souvent à l'heure du déjeuner. Delancey Street possède une puissante culture d'action continue et engagée. Et cela fonctionne, créant des milliers de personnes autonomes, autogérées et intègres.

N'est-ce pas ce dont toutes les entreprises ont besoin ?

Morning Star

Introduction

L'entrepreneur californien Chris Rufer a créé Morning Star en 1970[9] en tant que société de transport routier, avec un seul camion au départ. Alors qu'il conduisait son camion l'été pour payer ses études, il a commencé à remarquer que les usines où il livrait ses marchandises étaient souvent inefficaces et mal gérées.

Muni d'un MBA, il a élaboré un plan d'affaires pour une usine de transformation de tomates qui produirait du concentré de tomates industriel dans des conteneurs en vrac efficaces pour une distribution mondiale. La formule de son succès serait de bien connaître ses clients et ses fournisseurs et d'être le producteur à faible coût. Il a passé des heures interminables à identifier les bonnes combinaisons d'équipements de traitement pour obtenir un débit et une efficacité maximum. Finalement, Chris a rassemblé un groupe de producteurs-partenaires et a commencé la construction de sa première usine de transformation alimentaire, Ingomar Packing Company, en 1982.

Après le succès d'Ingomar, Chris a créé The Morning Star Packing Company pour transformer les tomates près de la petite ville de Los Banos, en Californie. Au printemps 1990, une minuscule ferme située à la périphérie de la ville se transforme en une ruche d'activité 24 heures sur 24. Des voitures et des camionnettes étaient garées dans toute la cour, à l'ombre des chênes. La cuisine est devenue une salle de conférence où un défilé sans fin de candidats à l'emploi, de banquiers, d'organismes de réglementation, de vendeurs et d'entrepreneurs se réunissent lors de réunions d'organisation ininterrompues. Les lampes de bureau brûlaient tard dans la nuit ; le sommeil était rare.

Chris et son équipe se concentraient avec intensité sur la mise en route de la nouvelle usine. Les plants de tomates étaient déjà en terre et poussaient. Un démarrage réussi déclarerait un tout nouveau niveau

---

[9] After the final sentence in Thoreau's *Walden Pond*: The sun is but a morning star.

de concurrence dans l'industrie. La plupart des nouveaux employés de Morning Star avaient quitté des emplois sûrs pour rejoindre l'équipe. Si l'entreprise échouait, il y aurait des perturbations personnelles à court terme, mais tous pourraient trouver un nouvel emploi. Chris, en revanche, avait tout à perdre. Les obligations des parties prenantes et les garanties personnelles créaient des enjeux élevés ; abattre ses cartes n'était pas une option.

Les premiers chargements de tomates sont arrivés dans les nouvelles installations ultramodernes de Morning Star à la mi-juillet 1990 et ont donné le coup d'envoi d'une saison fructueuse, produisant plus de 90 millions de livres de concentré de tomates en vrac pour le marché mondial.

Morning Star Packing Company a construit sa deuxième installation de pointe à Williams, en Californie, en 1995. Cette installation a remplacé son homonyme d'origine en tant que plus grande usine de transformation de tomates au monde. Chris a ensuite acheté une usine existante vacante (et quelque peu délabrée) près de Los Banos, l'a entièrement rénovée et a mis en service la Liberty Packing Company en 2002, dédiée à la production de concentré de tomate en vrac, de tomates en dés et de produits en conserve. Il a également créé des opérations de récolte sur mesure afin d'optimiser la chaîne d'approvisionnement avec le camionnage et la fabrication.

Morning Star n'a jamais recherché la croissance pour le plaisir de la croissance ; l'accent a toujours été mis sur l'innovation technique associée à une très bonne exécution. Morning Star s'est toutefois développée en réponse à la demande du marché mondial en produits de tomates en vrac de haute qualité et à faible coût. Chez nous et dans le monde entier, les gens semblent tout simplement apprécier la saveur des tomates dans leur alimentation. À l'heure où nous écrivons ces lignes, les trois usines de transformation Morning Star de Californie sont les plus grandes usines individuelles du secteur. Ensemble, elles constituent la plus grande entreprise de transformation de tomates au monde.

Si Morning Star doit une grande partie de son succès à sa stratégie de bas coût, à sa culture de l'innovation et à l'exécution des processus, une bonne part de sa réussite est également attribuable à une philosophie organisationnelle unique : l'autogestion.

Philosophie organisationnelle

Morning Star a mis en œuvre sa philosophie d'autogestion en 1990, avec la construction de sa première usine.

La principale caractéristique de cette philosophie est l'horizontalité. L'organisation est conçue pour être aussi plate qu'un plancher, sans aucune hiérarchie. Il n'y a aucun chef humain directif ; le seul chef est la déclaration de mission de l'entreprise. La philosophie est celle de l'autogestion totale. Les employés de Morning Star se considèrent comme des collègues et se considèrent comme des professionnels dans leurs rôles respectifs.

L'autorité de commandement n'existe pas dans l'entreprise, même de la part du propriétaire (sauf circonstances inhabituelles ayant des ramifications légales). Par conséquent, il n'existe pas d'autorité unilatérale de licenciement. Acquérir ou conclure les services d'autres collègues doit être accompli selon un ensemble clair de principes établis incorporant une procédure régulière.

Personne au sein de l'organisation n'a de titre, ce qui crée parfois une certaine confusion pour les personnes extérieures de celle-ci, mais sert à renforcer le caractère plat de Morning Star au sein de l'organisation. Au dos de chaque carte de visite Morning Star sans titre, on peut lire Excellence Through Commitment.

Bien qu'il n'y ait pas de structure formelle, des ressources sont disponibles pour aider les collègues à synchroniser leurs activités avec celles des autres. Chaque collègue signe une lettre d'entente entre collègues (également connue sous le nom de CLOU). Il s'agit d'un accord de responsabilité entre collègues déclarant la mission commerciale personnelle de chacun, les responsabilités en matière de processus commerciaux, l'étendue du pouvoir de décision et les mesures de performance.

Le succès de Morning Star s'inscrit dans un environnement commercial complexe et exigeant. En tant qu'organisation, Morning

Star doit s'attaquer à des sujets tels que la génétique des plantes, la microbiologie, la chimie alimentaire, la thermodynamique et la météorologie. Individuellement, les collègues de Morning Star naviguent en permanence entre les risques et les opportunités commerciales liés à ces disciplines. La lettre d'entente entre collègues est un outil de navigation essentiel, qui répond à la question «Où dois-je concentrer mes efforts ?

La culture de Morning Star est très propice aux individus matures et autogérés. Elle peut être un environnement difficile pour ceux qui ont besoin qu'on leur dise quoi faire, ou qui sont eux-mêmes directifs envers les autres. En l'absence totale de pouvoir, la responsabilité du leadership doit être gagnée.

Le leadership est tout aussi nécessaire dans une organisation autogérée que dans une organisation hiérarchique ; c'est simplement que le leadership autogéré est dynamique plutôt que statique - il dépend de la question et des individus. Le leadership dans un tel écosystème peut tourner et évoluer naturellement, en fonction des circonstances. Aucun style de leadership particulier n'est requis, et de nombreux styles de leadership peuvent bien fonctionner.

En fin de compte, la fondation de valeurs fondamentales partagées crée un environnement où les collègues qui réussissent peuvent servir de mentor aux autres et les aider à naviguer avec succès.

• Mission de la société

La mission de The Morning Star Company est simple :

Notre mission est de fabriquer des produits à base de tomate qui répondent constamment aux attentes de nos clients en termes de produits et de services, de manière rentable et respectueuse de l'environnement. Nous fournirons des produits emballés en vrac aux transformateurs alimentaires et des produits finis portant la marque du client aux services alimentaires et au commerce de détail.

La première phrase est une simple déclaration d'objectif. La deuxième phrase décrit les deux domaines d'activité que Morning Star fournit.

Morning Star ne s'efforce généralement pas de dépasser les attentes des clients. Les produits à base de tomates sont des produits de base, et les clients ne paieront généralement pas un supplément pour dépasser leurs attentes. Selon Chris Rufer, l'entreprise est une aventure dynamique qui consiste à équilibrer les besoins des clients, des fournisseurs, des employés et de la société en général et à utiliser les ressources de manière appropriée et efficace. Cette philosophie est l'essence même de la Mission Morning Star.

Voir l'annexe pour une version élargie de la Mission de l'entreprise Morning Star.

- **Vision de l'entreprise**

La vision de la société Olympic Gold Medal Performance contient plusieurs éléments.

Le premier élément est celui de la responsabilité totale. Bien que chaque collègue de Morning Star soit identifié à des processus commerciaux spécifiques, personne n'est autorisé à ignorer un problème connu sous prétexte que «ce n'est pas mon problème». Tous les collègues ont l'obligation de signaler tout problème qui entre dans leur champ de vision aux autres collègues concernés.

Le deuxième élément est la clarté de la vision. Cela se fait principalement par la création d'une mission commerciale personnelle pour chaque collègue, en accord avec la mission globale de l'entreprise.

Le troisième élément est l'avancement créatif de la technologie. Cet élément reconnaît que l'innovation est la seule source d'avantage concurrentiel à long terme. Les brevets expirent, les secrets commerciaux disparaissent. Une organisation entière dédiée à l'innovation et à l'apprentissage ne peut être facilement dupliquée.

Le dernier élément des valeurs est fondamental pour la philosophie de Morning Star. Ces valeurs comprennent l'intégrité (qui améliore réellement la valeur économique des individus et des entreprises en réduisant les coûts de transaction), l'ouverture et des installations physiquement attrayantes.

Voir l'annexe pour la vision de la société Morning Star.

- **Principes relatifs aux collègues**

Les relations au sein de Morning Star sont régies par un ensemble de principes de collaboration. Ces principes ont plusieurs caractéristiques clés.

Les principes (auxquels les collègues acceptent d'adhérer) exigent plusieurs engagements. Premièrement, les collègues acceptent d'adhérer à la Mission.

Deuxièmement, les collègues acceptent de s'engager à atteindre des objectifs individuels (spécifiés dans la lettre d'entente entre collègues) et à travailler en équipe (ce qui nécessite, par définition, de la communication).

Troisièmement, les collègues acceptent d'assumer des responsabilités personnelles et de prendre des initiatives.

Quatrièmement, les collègues acceptent de tolérer des différences non liées au travail dans l'intérêt du travail d'équipe.

Il existe plusieurs corollaires à cet ensemble de principes. Le premier est l'exigence d'une communication directe avec les collègues. Comme il n'y a pas de superviseurs pour traiter les plaintes concernant les individus, chaque personne doit aborder les problèmes directement avec ses collègues. Il n'y a tout simplement pas d'autre moyen de faire avancer les choses. Un médiateur est disponible lorsqu'une personne cherche à obtenir des conseils confidentiels à ce sujet. En fin de compte, cependant, la charge de la communication incombe à chaque collègue.

Un autre corollaire est que les différends doivent être résolus en privé, si possible. Les principes décrivent un processus permettant d'obtenir un accord en tête-à-tête, puis de faire appel à une tierce partie pour une médiation si la discussion initiale n'aboutit pas à une résolution, et enfin de soumettre le problème à un panel de pairs comme dernière étape de la résolution.

Un autre corollaire est que les informations doivent être partagées avec les collègues, même si elles ne sont pas demandées. Cela impose à chaque collègue l'obligation de transmettre aux autres les informations pertinentes qui peuvent leur être utiles dans l'accomplissement de leurs missions respectives. Il n'y a aucune excuse pour thésauriser ou cacher des informations. Le partage prodigieux des informations est une force clé de Morning Star et contribue grandement à l'agilité de l'organisation. L'information est omniprésente dans toute l'entreprise et il n'existe aucun obstacle structurel au partage de l'information, où que ce soit dans l'entreprise.

L'obligation de suivre ces principes exige la rigueur du processus de sélection. Le processus de sélection comprend généralement de multiples entretiens et une batterie de diagnostics. Les nouvelles recrues sont issues de la marine américaine, de l'industrie des semi-conducteurs et de nombreux autres horizons divers. Morning Star s'efforce de placer des joueurs «A» à chaque poste. La vision globale est celle de la performance d'une médaille d'or olympique.

Chaque collègue de Morning Star est considéré comme un professionnel. Chaque électricien et mécanicien de Morning Star, par exemple, est personnellement responsable du fonctionnement et de la maintenance d'équipements dont la valeur se chiffre en millions de dollars. Les électriciens et les mécaniciens effectuent des analyses de rentabilité sur des propositions de projets d'investissement. Ils traitent personnellement avec les vendeurs, les collègues saisonniers et parfois les clients. En outre, ils effectuent personnellement les travaux d'exploitation et d'entretien nécessaires au fonctionnement de chaque usine. Chaque collègue de production à temps plein assume la responsabilité totale de sa part de l'usine.

Pour l'orbite de responsabilité convenue d'un électromécanicien individuel, documentée dans le CLOU, la responsabilité des performances n'incombe à personne d'autre.

Voir l'annexe pour les Morning Star Colleague Principles.

Le pouvoir de l'autogestion

Le pouvoir de l'autogestion se manifeste dans deux domaines.

Premièrement, Morning Star est une entreprise fondée sur des principes. Ses deux principes fondamentaux sont les suivants : 1) les individus ne doivent pas recourir à la force contre d'autres personnes (ou contre la propriété d'autres personnes), et 2) les individus doivent honorer leurs engagements envers les autres. Les êtres humains ont tendance à connaître une plus grande harmonie et une plus grande prospérité dans la vie lorsqu'ils reconnaissent et agissent conformément à ces principes simples mais profonds.

L'absence totale d'autorité de commandement (ou de force) signifie que les gens n'ont d'autre choix que de chercher à obtenir l'engagement des autres par l'influence et la persuasion, plutôt que par des directives directes. Bien que cela prenne généralement plus de temps que de donner des ordres, cela garantit la consultation de toutes les parties prenantes à une décision. Elle garantit également le partage des informations et aboutit généralement à de meilleures décisions.

L'absence de pouvoir de position constitue également un test clé pour les aspirants leaders. Dans un environnement dépourvu d'autorité de commandement, le respect et la crédibilité doivent être gagnés. La question qui se pose à un leader potentiel est la suivante : Quelle est l'efficacité de votre leadership lorsque personne n'est obligé de vous suivre ?

Deuxièmement, l'organisation jouit d'un haut degré d'agilité pour faire face aux opportunités et aux menaces ainsi qu'aux forces et aux faiblesses. Les collègues sont en mesure d'utiliser leur liberté pour améliorer continuellement les processus opérationnels, par exemple. Aucun processus Morning Star n'est à l'abri de l'analyse, de l'expérimentation et de l'amélioration.

Les collègues prennent leurs engagements au sérieux chez Morning Star. Même les engagements ad hoc pris entre deux collègues qui se croisent dans le couloir pour une affaire de niveau faible ou moyen peuvent être documentés et leur respect est attendu. En l'absence d'autorité de commandement, il n'y a pas d'autre moyen de faire les choses avec les autres. Il n'y a peut-être pas de patron, mais il y a de nombreux collègues devant lesquels on est entièrement responsable de divers engagements.

Exigences en matière d'autogestion

Une autogestion efficace requiert plusieurs ingrédients. Premièrement, la liberté autogérée doit être équilibrée par la responsabilité. La liberté sans responsabilité est improductive. La responsabilité sans liberté est frustrante. Morning Star s'efforce d'atteindre un équilibre harmonieux entre les deux.

Deuxièmement, les collègues doivent comprendre parfaitement leurs tâches, leurs objectifs et leurs valeurs. Cela consiste principalement à avoir une compréhension profonde des processus d'affaires dont ils sont partiellement ou entièrement responsables. Les objectifs à court ou à long terme peuvent être liés à l'entreprise ou personnels.

Troisièmement, la prise d'initiative est une clé majeure de l'autogestion efficace. Pour que l'autogestion fonctionne, les collègues doivent faire preuve d'initiative dans tous les domaines. Cela inclut l'acquisition et la cessation des services de collègues. En outre, les collègues sont entièrement responsables de leur propre formation. À Morning Star, il n'y a jamais d'excuse pour dire que l'on n'a pas été formé pour effectuer son travail.

Enfin, l'autogestion requiert de l'intégrité, une caractéristique qui améliore réellement la valeur de l'entreprise. Lorsque les fournisseurs, les clients et les collègues peuvent compter sur la parole d'un collègue, le coût des affaires diminue et la valeur commerciale augmente, ce qui est un facteur clé de succès.

Retour d'information sur l'activité

Le retour d'information sur les activités est essentiel à la réussite dans un environnement autogéré.

Tout d'abord, l'autogestion exige une mesure de la performance, car personne ne peut se gérer lui-même sans savoir comment il fonctionne en premier lieu. Il n'y a pas de superviseurs ou de directeurs pour fournir des évaluations.

Deuxièmement, l'amélioration continue des processus nécessite une mesure puisqu'il est impossible de savoir si un processus s'améliore ou se détériore sans un mécanisme en place pour transmettre la réalité.

Les résultats qui diminuent ou ne s'améliorent pas sont souvent des indicateurs d'un processus d'entreprise qui nécessite une attention immédiate.

Troisièmement, Morning Star mesure les performances à la fois par rapport à la perfection et à la réalité. Il y a fort à parier que le meilleur golfeur du monde ne fera jamais un 18. Il est également raisonnable de supposer que si un golfeur s'efforce d'atteindre un 18, il aura plus de chances de s'améliorer que s'il s'efforce d'atteindre, disons, un 78. Morning Star identifie les résultats parfaits pour chaque processus métier, créant ainsi une vision de la performance parfaite pour chaque collègue. Morning Star identifie également des objectifs plus réalistes et réalisables pour chaque processus. L'objectif ultime est de transformer le travail en un jeu et d'en faire un voyage de découverte agréable.

L'autogestion : Résultats souhaités

Le premier avantage clé de l'autogestion est le concept de «concurrence éclairée» (là encore, comme chez Nucor, à partir de l'idée de compe-tere, ou «chercher ensemble»). L'autogestion donne aux collègues de Morning Star la liberté de rechercher les meilleures pratiques les uns des autres au sein d'un établissement, dans d'autres établissements Morning Star et à l'extérieur. Les réunions annuelles interentreprises des secteurs fonctionnels offrent un forum pour ces discussions de «comparaison et de contraste».

Un deuxième résultat souhaité de l'autogestion est l'efficacité, l'efficience et la rentabilité finale de l'entreprise créée par les performances élevées de collègues engagés et enthousiastes.

Lettre d'entente entre collègues (CLOU)

L'un des principaux outils d'autogestion mis à la disposition des collègues de Morning Star est la lettre d'entente entre collègues (CLOU).

La CLOU (essentiellement, un contrat de performance entre collègues) accomplit plusieurs choses.

Premièrement, il définit les responsabilités générales des collègues en termes de vision, de mission et de principes.

Deuxièmement, il identifie les responsabilités et engagements spécifiques de chaque collègue.

Troisièmement, le CLOU documente les diverses déclarations des collègues, y compris la déclaration de chaque collègue sur sa compétence commerciale à accomplir sa mission.

Les parties au CLOU d'un collègue particulier sont généralement les clients et fournisseurs internes qui s'engagent dans des processus d'affaires avec le collègue. Un collègue Morning Star typique aura probablement six ou sept signataires du CLOU. Ce sont les personnes à qui le collègue Morning Star doit le plus de temps et d'attention.

• Responsabilités générales du CLOU

Tout d'abord, en plus de mettre l'accent sur la Vision, la Mission et les Principes, le CLOU exige de chaque collègue qu'il soit responsable de tous les processus d'entreprise relevant raisonnablement de son champ de conscience. Les collègues acceptent de prendre l'initiative de traiter les problèmes qu'ils contrôlent, ainsi que les problèmes qui entrent dans leur champ de vision, que le collègue soit ou non normalement responsable de ces problèmes.

Morning Star a entrepris de documenter ses processus commerciaux et ses décisions, en identifiant les déclencheurs d'événements, les besoins en informations, les entrées et les sorties. Il incombe à chaque collègue de maîtriser les processus qu'il contrôle.

Ensuite, les collègues acceptent de fournir un niveau d'effort spécifique (exprimé en termes d'heures prévues par semaine).

Enfin, les collègues sont censés aligner leurs activités de processus d'affaires personnelles sur la vision et la mission de l'entreprise.

• Responsabilités spécifiques du CLOU

Le CLOU identifie les responsabilités spécifiques des collègues sous la forme d'une matrice qui définit la mission commerciale personnelle de chaque collègue (là encore, alignée sur la Mission globale de l'entreprise). Par exemple, la mission d'un mécanicien frontal pourrait être : «Créer un vaste et magnifique bol de jus de tomate tropical pour le processus d'évaporation.» Les missions commerciales personnelles sont souvent simples, mnémotechniques et directes.

La matrice des engagements spécifiques décrit les processus commerciaux spécifiques dont le collègue est responsable, le pouvoir de décision associé à chaque processus pour ce collègue (Décider, Recommander, ou Agir ou une combinaison de ceux-ci), les mesures de performance spécifiques (appelées Steppingstones) qui se rapportent à chaque processus, et les intervalles de rapport pour chaque mesure.

Il y a peu ou pas de discussion sur l'autonomisation chez Morning Star, car les collègues ont tout le pouvoir dont ils ont besoin pour faire leur travail dès le premier jour. Il n'y a pas de barrières inhérentes pour quiconque cherche à obtenir les ressources nécessaires à l'accomplissement de la mission. Chacun est aussi libre que les autres à Morning Star de communiquer, d'initier des actions, d'innover et d'exécuter.

- **Obligations générales du CLOU**

Le CLOU contient également plusieurs obligations générales pour chaque collègue. Il s'agit notamment de certains engagements en matière d'éducation et de formation continues, de notification des situations à risque observées, d'engagement à collaborer et de traitement approprié des informations exclusives.

Points de repère (indicateurs clés de performance)

Les performances de chaque processus d'entreprise doivent être contrôlées. Morning Star appelle ses mesures de performance «Steppingstones» au lieu de ICP car elle les considère comme des tremplins vers la perfection (même si la perfection n'est pas atteinte). Les collègues identifient les Steppingstones pertinents pour leurs processus d'affaires individuels. Chaque processus peut être associé à une ou plusieurs pierres d'achoppement. Les tremplins peuvent être communs à plusieurs collègues (qui peuvent être responsables du même processus), ou être propres à un individu. La fréquence de publication est adaptée au processus spécifique (certaines mesures financières sont trimestrielles ; de nombreuses mesures de production sont horaires).

Chaque usine Morning Star mesure historiquement quelques centaines de Steppingstones couvrant toutes les facettes de la production, de l'administration, de la distribution, de l'acquisition de matières premières, de la qualité, du marketing et des ventes. La pierre angulaire ultime est, bien sûr, le rendement des actifs. Sans un rendement positif des actifs au fil du temps, il n'y aurait pas d'entreprise.

Dans la mesure du possible, les données de Steppingstones peuvent être consultées par n'importe quel collègue à tout moment. Constituées généralement de données de séries chronologiques, Morning Star s'efforce de mettre à jour et d'afficher les données Steppingstones de manière à faciliter une concurrence éclairée entre collègues de différentes usines, et à encourager l'expérimentation, le partage d'informations et la mise en œuvre des meilleures pratiques commerciales.

Essayer de s'autogérer sans recevoir un feedback approprié sur les performances serait comme essayer de piloter un 747 sans système de navigation fonctionnel. Les gens doivent savoir où ils se trouvent par rapport à l'endroit où ils veulent aller. L'entreprise fournit des ressources pour aider les gens à naviguer, à prendre des décisions, à communiquer et à agir. Mais en fin de compte, les gens doivent se gérer eux-mêmes et gérer leurs relations. Se gérer soi-même et ses relations de travail autour de l'innovation et de l'exécution représente le noyau essentiel de l'autogestion.

Comme l'écrit Roger T. Burlton, autorité en matière de processus d'entreprise, dans son livre Business Process Management : Profiting from Process : «Morning Star est le meilleur exemple que j'ai vu d'une entreprise mature, gérée par processus. Je n'ai vu ni même entendu parler nulle part ailleurs d'une entreprise aussi déterminée à gérer ses relations de manière aussi naturelle - totalement habilitée par les processus et où il fait bon travailler.»[10]

---

[10]   Burlton, Roger T., *Business Process Management: Profiting from Process*. Sams Publishing, 2001. 105.

MEETUP

Près de la limite inférieure du quartier historique de NoHo à Manhattan, dans un bâtiment à ossature d'acier et de fonte, se trouve l'austère siège social de Meetup, créé par les cofondateurs Scott Heiferman et Greg Whalin (respectivement PDG actuel et ancien directeur technique). Depuis sa construction en 1900, les étages supérieurs de l'immeuble à deux étages étaient consacrés à diverses formes d'industrie légère. Les promoteurs ne pouvaient pas savoir que le deuxième siècle du bâtiment abriterait une entreprise qui allait changer le monde.

En 2008, j'ai lu un article sur cette entreprise remarquable.[11] Résolu à en savoir plus, j'ai contacté Scott Heiferman. Ce que j'ai appris de lui et de son équipe m'a profondément inspiré et m'a laissé entrevoir des possibilités passionnantes pour l'avenir du travail et de la société.

En arrivant au siège social par une journée de fin d'été en août 2008, la sympathique ambassadrice Camille Alexander m'a fait entrer dans la salle de conférence simple et fonctionnelle où je supposais que la plupart des réunions de haut niveau avaient lieu. Les deux cofondateurs et le conseiller commercial Douglas Atkin (auteur de The Culting of Brands : Turn Your Customers Into True Believers[12]). Une fois les formalités réglées, nous avons discuté d'auto-organisation et d'autogestion.

Les trois dirigeants ont raconté leur histoire récente, trop familière, de retour à l'autorité bureaucratique lorsque l'entreprise est devenue trop grande pour être gérée (grande, c'est-à-dire plus de cinquante employés). Les règles exigeaient que les ingénieurs soumettent à l'approbation les modifications proposées pour le site Web. Le système a écrasé la créativité dans un secteur où le manque de rapidité

---

[11]   https://www.bloomberg.com/news/articles/2008-06-04/how-meetup-tore-up-the-rule-book

[12]   *The Culting of Brands: Turn Your Customer Into True Believers,* Portfolio Trade (May 31, 2005), Douglas Atkin.

était souvent fatal. Le moral a souffert. La culture s'est brisée. Les employés parlaient d'être «métrifiés», c'est-à-dire de travailler dans un environnement où les mesures étouffaient l'innovation.[13] Les réactions des employés à la suite d'un comité d'examen litigieux ont amené Douglas Atkin à dire à Heiferman : «Nous devons tout faire sauter et tout recommencer.»[14] La nécessité d'un changement radical est devenue évidente. Mais quelle forme prendrait-il ?

Alors que le groupe de direction envisageait la prochaine itération de la culture de Meetup, il a lancé une profonde expérience d'auto-organisation. Les dirigeants de Meetup ont jeté l'organigramme original et ont laissé les employés travailler sur des projets de leur choix - un hackathon. Au cours de cette ambiguïté, les dirigeants ont envisagé plusieurs modifications de la culture, tandis que Greg Whalin s'est battu pour une plus grande liberté des employés.[15] Après six semaines d'anarchie kaléidoscopique vertigineuse, un nouveau paradigme s'est finalement imposé. Encouragé par des gains surprenants dans la durée du cycle des projets, M. Heiferman a accepté de donner le feu vert à de nouvelles idées de projets générées par les employés et ayant reçu le soutien de leurs pairs. Dans un souci de responsabilisation, les nouveaux projets seraient également évalués à l'aide d'un système de suivi des clients et des revenus associés.[16] En conséquence, plusieurs chefs de projet ont quitté l'entreprise, contrariés par la perte de leur pouvoir. Les employés restants de Meetup ont poussé un soupir de soulagement et se sont mis au travail. L'entreprise a commencé à prospérer.

Meetup avait finalement résolu la contradiction inhérente à la tentative de générer des communautés auto-organisées par le biais d'une hiérarchie de commandement et de contrôle. Le goût amer de la frustration bureaucratique a forcé l'entreprise à repenser la recette

---

[13] *How Meetup Tore Up the Rule Book,* Business Week, Heather Green, July 2008.
[14] Ibid.
[15] Ibid.
[16] Ibid.

de son succès. Si l'auto-organisation fonctionnait en externe pour les clients, elle devait également fonctionner en interne pour les employés. La société générant le code qui a rassemblé des millions d'autogestionnaires indépendants dans plus de 100 pays à travers le monde serait désormais guidée par... des autogestionnaires indépendants.

Avec la rampe de lancement philosophique de l'auto-organisation interne correctement alignée et congruente avec son modèle commercial externe, l'entreprise a décollé comme une fusée. Début 2009, le nombre d'utilisateurs s'inscrivant chaque mois avait doublé par rapport à l'année précédente.[17] Meetup comptait 4 millions d'utilisateurs et 60 employés.[18] Début 2012, le revenu annuel était estimé à plus de 30 millions de dollars.[19] Les inscriptions de nouveaux membres de Meetup ont augmenté de 40 % au premier trimestre 2013 et le nombre de membres actifs a augmenté de 46 %, selon M. Heiferman.[20] «Nous grandissons plus vite que jamais», a-t-il déclaré à Alex Kantrowitz de Forbes, «ce qui est bizarre pour une entreprise de dix ans et bizarre pour avoir une certaine échelle.»[21] Après avoir généré 100 millions de RSVP au cours des dix dernières années, Heiferman a déclaré que l'entreprise prévoit d'atteindre 1 milliard d'ici 2020.[22]

Lorsque j'ai fait une brève visite des espaces qui accueillent les ingénieurs et autres employés de Meetup, il m'a semblé évident que l'espace calme et ordonné lui-même était un facteur clé de succès. Il semblait inviter à la collaboration et à l'auto-organisation. Des zones bien éclairées, spacieuses et fonctionnelles abritaient des personnes

---

[17] http://money.cnn.com/2009/05/06/smallbusiness/democracy_at_meetup.fsb/

[18] Ibid.

[19] https://www.startupgrind.com/blog/meetupcom-yearly-revenue-tops-30mm/

[20] https://www.forbes.com/sites/alexkantrowitz/2013/04/23/meetup-ceo-points-to-booming-growth-as-his-company-hits-100-million-rsvps/

[21] Ibid.

[22] Ibid.

concentrées qui semblaient complètement engagées dans leur travail - une sorte de «Mission Control» pour les meetups. Une salle de relaxation à l'extrémité du rez-de-chaussée servait d'espace où les gens pouvaient décompresser, renouveler leur énergie et recentrer leurs pensées après des efforts intenses.

Heiferman a partagé un court texte de réflexion sur la culture unique de Meetup. Il se lit comme suit :

NOTRE CULTURE

Le personnel du siège de Meetup est guidé par une grande idée.

Nous voulons voir les gens du monde s'auto-organiser. Nous croyons que les gens peuvent changer leur monde, ou le monde en s'organisant en groupes suffisamment puissants pour faire la différence.

Alors, qu'est-ce que cela dit du type d'entreprise que nous sommes ?

Notre vision est grande et audacieuse, voire un peu folle. Alors comment pourrions-nous suivre les conventions ? Nous ne le ferons pas.

Ce que nous faisons est nécessaire maintenant. Alors comment pourrions-nous être lents et négligents ? Nous ne le ferons pas.

Nous sommes pour le contact réel, en face à face. L'échelle humaine. Alors pourquoi nous laisserions-nous glisser dans un langage d'entreprise ou un faire d'entreprise ? Nous ne le ferons pas.

Nous avons une grande vision. Mais prenons notre tâche au sérieux, pas nous-mêmes. Ne soyons pas des rabatteurs sans humour aux yeux écarquillés. L'impertinence et la sottise nous aident beaucoup à nous sauver de nous-mêmes.

Nous voulons que les peuples du monde s'auto-organisent. La décentralisation est fondamentale dans notre vision du monde. Le «commandement et le contrôle» n'est donc pas notre mode de gestion et nous ne nous engageons pas auprès de nos clients.

Et nous sommes attachés au pouvoir des groupes. Alors pourquoi ne collaborerions-nous pas, ne partagerions-nous pas le crédit et n'agirions-nous pas comme une équipe ? Nous le ferons.

Nous sommes un peu étouffés quand les gens nous disent comment leur vie a changé. C'est banal. Mais c'est bien d'être ringard.

Bizarrement, nous sommes aussi cyniques... mais à propos de nous-mêmes et de la qualité de notre travail. Nous ne sommes pas cyniques quant à nos aspirations pour le monde, ni quant aux membres qui le changeront en mieux.

Nous aimons que nos membres veuillent s'amuser... ou changer fondamentalement le monde. Ou les deux. Nous admirons ces personnes qui racontent leurs histoires, exposent leurs vulnérabilités, craignent que les gens les prennent pour des monstres (rappelons-nous que nous sommes tous des monstres d'une manière ou d'une autre).

Nous acclamons cette multitude de gens ordinaires qui sont assez fous pour rencontrer de parfaits inconnus et assez intrépides pour lancer un meetup. Ne jamais sous-estimer ou sous-évaluer ce qu'il faut pour faire ce qu'ils font.

Nous sommes là pour changer le monde. Nous ne nous contentons pas de «faire» de la communauté parce que c'est une bonne affaire. Cela signifie que nous examinerons minutieusement chaque décision pour nous assurer que nous ne gagnerons de l'argent que si nous organisons davantage de réunions réussies.

Nous sommes une entreprise qui croit que la compagnie des autres peut changer des vies, ou le monde, pour le mieux. Cela signifie que nous voulons un meetup où et quand il est nécessaire.

L'impertinence, la sottise, l'humour, l'étouffement - combien d'entreprises permettent, et encore moins encouragent, de tels comportements ? Pour les employés de Meetup, cela fait partie de leur travail quotidien.

La valeur intrinsèque du modèle Meetup pour les clients avait été prouvée de manière concluante bien plus tôt, lors de la campagne présidentielle de Howard Dean en 2002-2004. Micah Sifrey, auteur de WikiLeaks and the Age of Transparency,[23] a écrit pour CNN. com que le nombre de participants aux meetups de Dean a fini par atteindre 143 000 - un chiffre énorme pour l'époque - et que le contact direct a grandement influencé le degré d'implication des volontaires.[24] Le nombre de participants à une réunion de Dean à New York a frappé Dean et son directeur de campagne, Joe Trippi.[25] Dean a déclaré plus tard au magazine Wired : «J'aimerais pouvoir vous dire que nous étions assez intelligents pour comprendre cela. Mais la communauté nous a appris. Elle a pris l'initiative grâce à Meetup. Ils ont construit notre organisation pour nous avant que nous ayons une organisation».[26]

Le succès précoce de Dean s'explique en partie par la facilité relative avec laquelle il est possible de recevoir des commentaires de la part des membres de Meetup. Gary Wolf, écrivant dans Wired, a partagé cette analyse : «La croissance a suivi une courbe exponentielle ; les nouveaux partisans de Dean ont contribué financièrement, ses piles d'argent ont gagné le respect des médias, et l'attention des médias a fait grimper les chiffres de Meetup. La plupart des candidats démocrates qui se situaient dans la fourchette basse des chiffres il y a un an se situent toujours dans la fourchette basse des chiffres. Ils n'ont jamais pris d'élan. L'utilisation précoce de Meetup par Dean a abaissé le seuil des réactions, tout comme une bonne réserve de bois d'allumage facilite l'allumage d'un feu.»[27]

---

[23] *WikiLeaks and the Age of Transparency,* Counterpoint (March 15, 2011), Michael Sifry.

[24] http://www.cnn.com/2011/11/07/tech/web/ meetup-2012-campaign-sifry/

[25] Ibid.

[26] https://www.wired.com/2004/01/dean/. Gary Wolf, January 2004.

[27] Ibid.

De l'autre côté du spectre politique, Heiferman observe que le Tea Party constitue l'un des rassemblements les plus actifs du système.[28] Le besoin humain fondamental de rencontrer d'autres personnes autour d'intérêts communs est, apparemment, bipartisan.

Pour Heiferman, ces résultats sont quelque peu surprenants. Dans un article paru en 2009 dans le New York Times, intitulé «The Pursuit of Community», il écrit : «Lorsque nous avons conçu le site, nous nous sommes trompés sur presque tous les aspects pour lesquels nous pensions que les gens voudraient l'utiliser. Je pensais qu'il s'agirait d'une niche de style de vie, peut-être pour des fan-clubs. Je n'avais aucune idée que les gens formeraient de nouveaux types de P.T.A., de chambres de commerce ou de groupes de soutien à la santé. Et nous ne pensions pas que quelqu'un voudrait se réunir pour parler de politique, mais il y a des milliers de ces meetups».[29]

Meetup a maintenant atteint le summum de l'alignement : Son modèle de gestion autonome est puissamment aligné sur ses propres clients auto-organisés, dont les plus performants partagent le respect mutuel d'utilisateurs de médias sociaux avisés qui apprécient ce qu'il faut pour construire et maintenir une communauté. Quiconque pense que la vision de Meetup est trop sensible pour constituer un modèle commercial rentable et durable devrait réfléchir à la description faite par Heiferman lui-même de son collègue idéal de Meetup : quelqu'un qui «travaille dur et fait en sorte que _____ se réalise».

Tel est le pouvoir des idées. Meetup a une idée très simple et incroyablement puissante à son cœur. Comme l'a écrit M. Heiferman, «un meetup repose sur l'idée simple d'utiliser Internet pour faire sortir les gens d'Internet. Les gens ressentent le besoin de s'entraider ou de se réunir et de parler de ce qui est important pour eux. Nos

---

[28]   http://www.cnn.com/2011/11/07/tech/web/
       meetup-2012-campaign-sifry/

[29]   http://www.nytimes.com/2009/09/06/jobs/06boss.html?_r=0. Scott
       Heiferman, *The Pursuit of Community*.

principales catégories sont les mamans, les petites entreprises, le soutien à la santé et le fitness.»[30]

L'un des catalyseurs de Heiferman est arrivé tragiquement juste après 9 heures du matin, le matin du 11 septembre 2001. M. Heiferman a publié son histoire dans un courriel que j'ai reçu le matin du 11 septembre 2011, soit le dixième anniversaire des attentats. Son message était profondément personnel et finalement plein d'espoir. Il décrit des vérités profondes sur la résilience de l'esprit humain et le besoin de communauté. Les mots parlent d'eux-mêmes :

Laissez-moi vous raconter l'histoire de Meetup. Je vivais à quelques kilomètres des tours jumelles, et j'étais le genre de personne qui pensait que la communauté locale n'avait pas beaucoup d'importance si nous avions l'internet et la télévision. Les seules fois où je pensais à mes voisins, c'était quand j'espérais qu'ils ne me dérangeraient pas.

Lorsque les tours sont tombées, je me suis retrouvé à parler à plus de voisins dans les jours qui ont suivi le 11 septembre que jamais auparavant. Les gens disaient bonjour à leurs voisins (d'à côté ou de l'autre côté de la ville) qu'ils auraient normalement ignorés. Les gens s'occupaient les uns des autres, s'entraidaient et se retrouvaient. Vous savez, comme des voisins.

Beaucoup de gens se sont dit que le 11 septembre pourrait peut-être rapprocher les gens de façon durable. C'est ainsi qu'est née l'idée de Meetup : Pourrions-nous utiliser Internet pour sortir d'Internet et développer des communautés locales ?

Nous ne savions pas si ça allait marcher. La plupart des gens pensaient que c'était une idée folle, d'autant plus que le terrorisme est conçu pour que les gens se méfient les uns des autres.

Une petite équipe s'est réunie et nous avons lancé Meetup neuf mois après le 11 septembre.

---

[30] Ibid.

Aujourd'hui, près de 10 ans et 10 millions de meetuppers plus tard, l'idée fonctionne. Chaque jour, des milliers de meetups ont lieu. Rencontres de mamans, rencontres de petites entreprises, rencontres de fitness... une variété sauvage de 100 000 groupes Meetup qui n'ont pas grand-chose en commun, sauf une chose.

Chaque meetup commence par des gens qui disent simplement bonjour à leurs voisins. Et ce qui se passe ensuite m'étonne toujours. Ils développent des entreprises et des groupes ensemble, ils s'enseignent et se motivent mutuellement, ils gardent les enfants des autres et trouvent d'autres moyens de travailler ensemble. Ils s'amusent et trouvent du réconfort ensemble. Ils se font des amis et forment une communauté puissante. C'est quelque chose de fort.

C'est une merveilleuse révolution dans la communauté locale, et c'est grâce à tous ceux qui se présentent.

Les rencontres n'ont rien à voir avec le 11 septembre, mais elles n'auraient peut-être pas lieu si ce n'était pas le 11 septembre.

Le 11 septembre ne nous a pas rendu trop effrayés pour sortir ou parler à des inconnus. Le 11 septembre ne nous a pas déchirés. Non, nous construisons ensemble une nouvelle communauté !!!

Les tours sont tombées, mais nous nous relevons. Et nous ne faisons que commencer avec ces rencontres.

La vision d'Heiferman a été renforcée par le livre Bowling Alone.[31] Dans une interview avec Teri Evans pour le Wall Street Journal, Heiferman déclare : «...après le 11 septembre, j'ai lu «Bowling Alone» de Robert Putnam, un livre qui demandait comment nous pouvions être plus connectés localement. Cela m'a fait réfléchir aux communautés locales dans une nouvelle ère. J'ai donc fait appel à deux personnes avec lesquelles j'avais déjà travaillé et à deux autres avec lesquelles je n'avais jamais travaillé, et nous nous sommes enfermés

---

[31] *Bowling Alone: The Collapse and Revival of American Community.* By Robert D. Putnam. (New York: Simon & Schuster, 2000).

dans un espace de travail de 200 mètres carrés à SoHo pendant quelques mois. Notre objectif était de créer une plateforme web qui aide les gens à former des communautés locales autour de ce qui est important pour eux, en utilisant Internet pour sortir d'Internet et se rencontrer. Nous ne faisions pas de plan ; je n'ai jamais écrit de business plan».[32]

Bien sûr, la création d'une entreprise comporte des risques, et invite les sceptiques. Comme l'écrit Heiferman dans l'article du New York Times : «Les critiques ont prédit notre mort à trois reprises. Si personne ne prédit la mort de votre entreprise, alors vous ne prenez probablement pas assez de risques dans ce que vous faites.»[33]

Pour parier contre les auto-organisateurs visionnaires de Meetup, il faudrait croire que les êtres humains n'ont pas un besoin profond de se réunir et de partager des idées, tant sur le lieu de travail que dans le monde en général.

Jusqu'à présent, ce pari n'a pas été gagnant.

HAIER

Introduction

Un dragon affamé s'agite en Extrême-Orient. Il s'appelle Haier.

À l'automne 2012, je me suis rendu au siège social de Haier (prononcé «higher») à Qingdao, en Chine, pour rencontrer son légendaire fondateur et PDG, Zhang Ruimin, sa cofondatrice, Mme Yang Mian Mian, et d'autres dirigeants clés afin de discuter et de débattre de la théorie et de la pratique de l'autogestion organisationnelle.

Accompagnés de Leighton Gao, directeur principal du centre culturel d'entreprise de Haier (et interprète extraordinaire), mes hôtes ont organisé une visite du centre du patrimoine de Haier, où les

---

[32] *Reaping Success Through Stranger 'Meetups'*, The Wall Street Journal, 11/21/2010, Teri Evans. https://www.wsj.com/articles/SB100014 24052748704170404575624733792905708

[33] http://www.nytimes.com/2009/09/06/jobs/06boss.html?_r=0. Scott Heiferman, *The Pursuit of Community*.

visiteurs sont accueillis par une masse géante, symbole de la naissance de Haier en 1984. En se promenant dans le centre et en réfléchissant au parcours de Haier, on ressent la puissance de l'histoire de l'entreprise, de ses origines modestes à la légende du commerce mondial.

Selon le site Web de Haier, en 1984, le jeune entrepreneur Zhang Ruimin a pris le poste de directeur du précurseur de Haier, l'usine de réfrigérateurs de Qingdao. À l'époque, l'entreprise croulait sous les dettes et ne produisait qu'environ 10 000 réfrigérateurs par an, avec une qualité exécrable. Les travailleurs étaient si négligés et dysfonctionnels que Zhang a dû les empêcher d'uriner dans l'atelier. Frustré, il a aligné 76 réfrigérateurs, distribué des masses et donné un ordre aux ouvriers : «Détruisez-les !» Zhang a lui-même brisé l'un des réfrigérateurs défectueux pour faire passer son message : La culture existante doit être démolie et remplacée.[34] De cet acte primitif de catharsis est né le Haier Group moderne.

Pendant trois jours, j'ai rencontré de nombreux dirigeants d'unités commerciales, notamment des responsables des finances, du marketing, de la qualité et des ressources humaines. Aujourd'hui à la retraite, la cofondatrice, présidente et directrice exécutive, Mme Yang Mian Mian, a été l'une des principales responsables de l'expansion mondiale de Haier. Désignée par Forbes comme l'une des 100 femmes les plus puissantes du monde,[35] elle partageait un vif intérêt pour les aspects pratiques de la gouvernance organisationnelle autogérée. En tant que principale responsable de la stratégie et de la politique de gestion de l'entreprise, elle a posé des questions réfléchies qui reflétaient son intense curiosité à trouver le bon équilibre entre liberté et responsabilité sur le lieu de travail.

Aujourd'hui, Haier est le plus grand fabricant d'appareils électroménagers au monde, avec un chiffre d'affaires mondial dépassant

---

[34]   https://www.haier.com/global/press-events/
news/20140426_142723.shtml

[35]   https://images.forbes.com/
lists/2006/11/06women_Mian-Mian-Yang_TYNZ.html

32 milliards USD en 2014 et des bénéfices de 2,4 milliards USD.[36] Les 70 000[37] employés de Haier dirigent des opérations mondiales comprenant 10+ centres de R&D, 35 parcs industriels, 143 usines de fabrication et 126 sociétés commerciales dans le monde entier.[38] Pour gérer ses entreprises tentaculaires, Haier a créé un mode de localisation «trois en un» - combinant la conception, la fabrication et les ventes - afin de fournir un soutien continu au développement de la marque mondiale.[39] Le Boston Consulting Group a qualifié Haier de l'une des dix entreprises les plus innovantes au monde et de l'entreprise la plus innovante dans les catégories de la consommation et du commerce de détail. Il s'agit d'une véritable puissance mondiale.[40]

Qu'est-ce qui la rend si unique ?

Tout d'abord, Haier est un maître de la stratégie. Le PDG Zhang Ruimin, Mme Yang Mian Mian et leur équipe ont sans doute fait preuve de l'une des meilleures réflexions stratégiques de la planète au cours des trois dernières décennies. Jim Stengel, ancien directeur du marketing mondial de Proctor & Gamble et auteur de Grow : How Ideals Power Growth and Profit at the World's Greatest Companies, a classé Zhang Ruimin parmi les meilleurs chefs d'entreprise du monde en tant que chef de la stratégie.[41]

---

[36] http://www.prnewswire.com/news-releases/haier-tops-euromonitors-major-appliances-global-brand-rankings-for-seventh-consecutive-year-300206919.html

[37] https://www.haier.com/global/press-events/news/20140426_142723.shtml

[38] https://www.haier.com/global/about-haier/global/

[39] UKEssays. (November 2018). International strategy of the Haier Group. Retrieved from https://www.ukessays.com/essays/ marketing/international-strategy-of-the-haier-group-marketing-essay.php?vref=1.

[40] https://web-assets.bcg.com/img-src/The_Most_Innovative_Companies_2012_Dec_2012_tcm9-99136.pdf

[41] http://www.forbes.com/sites/jimstengel/2012/11/13/wisdom-from-the-oracle-of-qingdao/#73e09ba15e01

Les résultats ont été tout simplement spectaculaires. Selon le site Web de Haier, l'entreprise est passée d'une petite opération déficitaire en 1984 à un chiffre d'affaires mondial de 188,7 milliards de yuans en 2015 et à un bénéfice total de 18 milliards de yuans, avec une croissance de 20 % en glissement annuel.[42] Haier a été désignée par Euromonitor International comme la première marque de gros appareils ménagers dans le monde pour la septième année consécutive en 2015, atteignant une part de marché mondiale de 9,8 % en volume de vente au détail.[43] Même dans l'économie morose de 2013, l'entreprise a enregistré une croissance des ventes de 14 %.[44] Le nom de Haier est universellement connu en Chine ; c'est aussi l'une des relativement rares marques chinoises ayant une reconnaissance mondiale. Haier a ouvert la première usine chinoise aux États-Unis, en Caroline du Sud, en 2000, pour fabriquer des réfrigérateurs destinés au marché américain.[45]

Comme l'a déclaré Zhang Ruimin à Peter Day de la BBC : «Je crois qu'il faut tirer le meilleur des deux mondes, à la fois de la culture chinoise et de l'Occident. Ce qu'il y a de bien dans la culture chinoise, c'est qu'elle traite les choses comme un système global, la forêt et pas seulement les arbres. Vous pouvez le constater dans la différence d'approche entre la médecine traditionnelle chinoise et la médecine occidentale. La médecine occidentale traite les symptômes ; la médecine traditionnelle chinoise traite l'ensemble du corps, de manière holistique. La culture occidentale veut que tout soit quantifié... nous avons donc également adopté certains concepts de gestion occidentaux.»[46]

---

[42] http://pimi.ir/haier-acquisition-ge-appliances-completed/

[43] http://www.prnewswire.com/news-releases/haier-tops-euromonitors-major-appliances-global-brand-rankings-for-seventh-consecutive-year-300206919.html

[44] https://time.com/47816/zhang-ruimins-haier-power/

[45] https://www.haier.com/global/press-events/news/20110817_143568.shtml

[46] http://www.bbc.com/news/business-24622247

Deuxièmement, Haier s'organise autour de valeurs fondamentales. Selon le site Web de Haier, son succès repose sur trois de ces valeurs.[47] La première valeur est que «les utilisateurs ont toujours raison ; nous devons nous améliorer.» Haier estime que c'est la force motrice pour créer de la valeur pour les utilisateurs. La deuxième valeur est que les esprits jumeaux de l'esprit d'entreprise et de l'innovation sont au cœur de la culture Haier. Cette valeur envisage le changement d'état d'esprit d'un travailleur géré à l'acceptation de la possibilité (aussi difficile soit-elle) de devenir le PDG d'une toute nouvelle entreprise. La troisième valeur est l'idée de la ZZJYT, abréviation de zi zhu jing ying ti,[48] qui se traduit par «unités opérationnelles indépendantes - équipes autogérées».

Mais à quoi ressemble exactement une ZZJYT ?

Une vague sismique de changement

Zhang Ruimin est extraordinairement cultivé. De Peter Drucker, il a appris que les employés réalisent leur valeur en prenant des décisions (dans sa présentation au Forum mondial Drucker 2015, il a décrit sa vision de Rendanheyi-connectant les employés directement avec les utilisateurs finaux).[49] D'Emmanuel Kant, il a appris que les êtres humains devaient être traités comme des fins plutôt que comme des moyens.[50] Et de Clay Shirky, auteur de Here Comes Everybody : The Power of Organizing without Organizations [Penguin Press, 2008], il a appris qu'Internet avait le pouvoir de réduire les distances entre les clients et les fournisseurs, et entre les cadres et les travailleurs.[51] Haier était organisée selon une hiérarchie traditionnelle, avec des silos pour la R&D, les finances et le reste. L'information était censée

---

[47] https://www.haier.com/global/about-haier/culture/

[48] http://usa.chinadaily.com.cn/business/2013-08/26/content_16920089.htm

[49] https://www.strategy-business.com/article/00296

[50] https://www.foundingfuel.com/article/haier-ceo-zhang-ruimin-challenge-yourself-overcome-yourself/

[51] http://www.strategy-business.com/article/00296?gko=8155b

circuler de haut en bas de la chaîne de commandement pour créer la valeur ultime pour les clients.

En 2009, le dirigeant visionnaire de Haier en a eu assez. Il a réorganisé l'entreprise pour donner une autonomie radicale aux équipes autogérées.[52] Les travailleurs disposeraient d'informations sur les clients et les marchés via l'internet. Tous les travailleurs seraient libres de développer une idée innovante, par exemple pour un nouveau modèle de réfrigérateur. S'il parvenait à convaincre la direction de son idée, il aurait la possibilité de recruter et de diriger sa propre équipe de projet, composée d'experts en la matière attirés par l'idée, qui recevrait ensuite une part des bénéfices.

À la fin de l'année 2012, Zhang a éliminé la plupart des cadres intermédiaires de l'entreprise pour permettre aux équipes autogérées de s'épanouir - ce qu'elles ont fait, passant rapidement à quelque 2 000 équipes - les ZZJYT multidisciplinaires.[53] La taille et l'ampleur de cette initiative étaient époustouflantes. Zhang était clairement convaincu que le risque de rester immobile l'emportait de loin sur celui d'un changement radical. Il reconnaissait toutefois le risque d'un système en perpétuel bouleversement.[54] Par exemple, les autogestionnaires de l'organisation pourraient se déplacer organiquement d'une équipe à l'autre, qui se formerait puis se dissoudrait comme les nuages au-dessus du port de Qingdao.

«Je dois trouver un équilibre entre la réforme et le risque», dit Zhang.[55] L'une des inspirations de Haier est Morning Star, qui a commencé à pratiquer l'autogestion organisationnelle en 1990.[56] «Le plus difficile, c'est qu'auparavant, les employés écoutaient leurs patrons, mais aujourd'hui, ils n'ont plus de patrons ; ils doivent écouter les

---

[52]   https://time.com/47816/zhang-ruimins-haier-power/
[53]   Ibid.
[54]   Ibid.
[55]   Ibid.
[56]   http://www.forbes.com/sites/jimstengel/2012/11/13/
       wisdom-from-the-oracle-of-qingdao/#73e09ba15e01

utilisateurs», observe Zhang.[57] Son objectif pour les équipes auto-gérées de Haier est de créer une distance zéro avec le client.

Haier America a commencé à mettre en œuvre les réformes, et Zhang a l'intention d'étendre sa vision d'une entreprise pleine d'entrepreneurs auto-organisés dans le monde entier. Comme il l'a dit à Jim Stengel, collaborateur de Forbes, en 2012, l'avenir de la conception des organisations sera davantage autogéré.[58]

La puissance de la plateforme Haier

La puissante plateforme en ligne de Haier permet une collaboration illimitée avec les fournisseurs, les clients, les universités, les concurrents, le public et de multiples autres parties prenantes.

Lorsque l'entreprise s'est lancée dans la purification de l'eau, elle a appris que les consommateurs étaient plus enclins à acheter des équipements de filtration de l'eau lorsqu'ils utilisaient l'impressionnant site Web de Haier pour personnaliser leurs achats d'appareils électroménagers.[59] Haier a formé ses consultants à la recherche de détails complexes sur la qualité de l'eau par quartier, et à l'installation de filtres appropriés pour les polluants spécifiques à une zone donnée.[60] L'entreprise a créé encore plus de valeur en publiant sur son site web des données sur la qualité de l'eau pour 220 000 communautés en Chine.[61]

Dans cet exemple et dans d'autres, Haier fait preuve d'une intégration des parties prenantes de premier ordre, associée à des performances organisationnelles exceptionnelles. Haier démontre également que les individus ne sont jamais un moyen de parvenir à une fin, mais la raison d›être d›une entreprise.

---

[57] http://www.bbc.com/news/business-24622247
[58] http://www.forbes.com/sites/jimstengel/2012/11/13/wisdom-from-the-oracle-of-qingdao/#73e09ba15e01
[59] http://www.strategy-business.com/article/00323?gko=c8c2a
[60] Ibid.
[61] Ibid.

Depuis ses humbles débuts avec 76 masses jusqu'au lieu de travail actuel de l'avenir (et l'achat récent de GE Appliances),[62] Haier acquiert enfin la réputation d'innovation et d'excellence qu'elle mérite dans ses produits, ses services et sa conception organisationnelle.

Le dragon se lève.

JAIPUR RUGS

Nand Kishore Chaudhary, que ses proches collègues appellent NKC, est un homme en mission. L'humble fondateur de Jaipur Rugs, qui emploie aujourd'hui 40 000 tisserandes fabriquant des tapis décoratifs noués à la main et vendus dans quarante pays, étudie comment élever les pouvoirs de collaboration et de décision de la main-d'œuvre en utilisant le pouvoir de l'autogestion organisationnelle. Lui et son entreprise ont parcouru un long chemin depuis leur création en 1978 avec 5 000 roupies empruntées à son père, après avoir quitté un emploi stable de banquier pour poursuivre ses rêves d'entrepreneur.

Se déplaçant sur un scooter, il a commencé à fabriquer des tapis destinés à la vente avec neuf tisserandes travaillant sur deux métiers à tisser. Au cours des trois années suivantes, il a porté le nombre de métiers à dix, nécessitant beaucoup plus d'artisans pour les faire fonctionner. Les médias commencent à s'intéresser à lui : l'historien de l'art Ilay Cooper écrit en 1980 un article sur NKC et Jaipur Rugs pour le magazine Inside-Outside. L'attention des médias était logique : les superbes tapis tissés à la main de qualité supérieure sont des œuvres d'art sur lesquelles on peut marcher (ou que l'on peut accrocher au mur) et qui durent pendant des générations.

Une stratégie a commencé à prendre forme dans l'esprit de NKC : éliminer les intermédiaires qui exploitent les profits du système et diriger ces profits directement vers les étonnants artisanes tisserandes qui créent l'art en premier lieu : les villageois de la classe intouchable qui font le travail réel. Les marchés mondiaux étaient ravis de mettre

---

[62] http://pimi.ir/haier-acquisition-ge-appliances-completed/

les tapisseries praticables à la disposition des clients prêts à payer le prix fort - et Jaipur Rugs était prêt à les fournir.

La demande croissante pour les magnifiques motifs de tapis artisanaux imaginés par l'équipe de designers inspirés de Jaipur Rugs a conduit à l'expansion de la production dans les zones rurales de l'Inde, en utilisant des talkies-walkies (un privilège rarement autorisé par le gouvernement indien de l'époque) pour gérer la chaîne d'approvisionnement. À la fin des années 1990, Jaipur s'est développée pour inclure une branche de vente et de distribution aux États-Unis. La communauté de tisserandes de l'entreprise s'est rapidement développée pour répondre à la demande mondiale, les tisserandes des villages du Rajasthan et des zones tribales du Gujarat produisant habilement des créations merveilleuses qui ravissent les sens du toucher et de la vue.

En 2004, NKC a créé la Jaipur Rug Foundation (JPR) sous les auspices du Rajasthan Public Trust Act pour améliorer la vie des tisserandes dont dépendent l'entreprise et ses clients. L'objectif de la Jaipur Rugs Foundation est de fournir une formation, un développement des compétences et des services sociaux pour améliorer la vie des gens. Il n'est pas surprenant que Chaudhary ait été surnommé le « Gandhi de l'industrie indienne du tapis », car son réseau de production a explosé, passant à quarante groupes de tisserandes dans dix États indiens et atteignant quatre-vingt-dix mille mètres carrés de beauté artistique nouée à la main.

La stratégie commerciale de NKC a été affirmée dans le livre «The Fortune at the Bottom of the Pyramid : Eradicating Poverty Through Profits»[63] de l'auteur C. K. Prahalad, qui affirme que certaines des opportunités de marché et d'entreprenariat qui se développent le plus rapidement se trouvent chez les milliards de personnes pauvres dans le

---

[63] https://www.amazon.com/Fortune-Bottom-Pyramid-Eradicating-Poverty/dp/0131467506/ref=sr_1_1?keywords=fortune+at+the+bottom+of+the+pyramid&qid=1554783098&s=gateway&sr=8-1

monde, en bas de la pyramide.[64] Selon Bill Gates, cette théorie «offre un plan intriguant pour lutter contre la pauvreté par la rentabilité».[65]

Tout en développant sa stratégie commerciale ascendante, la fille de NKC, Kavita («Kavi») Chaudhary, a entrepris des études professionnelles et atteint l'excellence en matière de design, lançant des collections et remportant des prix internationaux de design. L'une de ses collections, Anthar (qui signifie «différences»), est une famille de tapis nés de l'erreur (d'où le label «Error Collection»). Parfaitement noué ou non (sans jeu de mots), chaque tapis raconte une histoire. L'un des célèbres tapis de la collection Error raconte l'histoire de trois tisserandes qui ne s'entendaient pas très bien au début (au bas du tapis, là où tout commence) - et leur tissage désordonné le montre. Au fur et à mesure que les trois tisserandes ont appris à mieux se connaître, elles ont commencé à collaborer à un niveau plus élevé, et leurs tissages sont devenus plus serrés et mieux coordonnés. Enfin, au sommet du tapis, l'art de l'équipe brille, car les tisserandes travaillent harmonieusement ensemble, en toute confiance, en parfaite synchronisation. Un tapis est ainsi devenu à la fois une métaphore du travail d'équipe et de l'excellence. En apprenant à travailler ensemble, les trois tisserandes ont surmonté leurs différences.

Comme Kavi l'a fait remarquer avec sagesse, «Anthar correspond à notre objectif de connecter le monde, des plus petits villages de l'Inde aux plus grandes villes du monde, en utilisant le design comme moyen d'expression. Ce qui aurait normalement été considéré comme une erreur s'est transformé en une œuvre d'art».[66] Dans une interview

---

[64] https://en.wikipedia.org/wiki/
The_Fortune_at_the_Bottom_of_the_Pyramid

[65] https://en.wikipedia.org/wiki/
The_Fortune_at_the_Bottom_of_the_Pyramid

[66] https://news.infurma.es/decoration-2/anthar-the-carpet-by-jaipur-rugs-of-its-project-error-collection-when-an-error-becomes-a-work-of-art/12945

vidéo récente, elle a déclaré simplement : «Pour moi, la beauté, c'est l'harmonie.»[67] Anthar a remporté un German Design Award en 2016.

L'une des ambitions de NKC : connecter les tisserandes directement aux clients. Des initiatives comme l'envoi de cartes postales artisanales des tisserandes aux clients et l'accompagnement des tisserandes à des événements internationaux de remise de prix sont deux façons pour les artisans de se connecter personnellement avec le marché. Le lien personnel est crucial : comme le dit NKC, «Nous ne vendons pas des tapis, nous vendons la bénédiction d'une famille ».[68]

C'est presque unique au monde et un témoignage étonnant de l'humilité du fondateur de Jaipur Rugs et de sa propre famille au talent extraordinaire. Les clients, se sentant bénis par la beauté de leurs tapis, se rendent souvent dans les villages où ils ont été fabriqués pour rencontrer et remercier personnellement les créateurs - un cycle vertueux d'art, de générosité et de gentillesse (et beaucoup de travail - un seul tapis peut contenir un million de nœuds).

La mise en relation des tisserandes avec les clients a été un énorme catalyseur du développement humain. Le fait de réunir périodiquement les tisserandes pour qu'elles voient le produit fini a permis d'accroître l'engagement et l'innovation. Un nouveau programme permettant aux tisserandes de développer leurs propres modèles a débloqué le génie créatif et l'innovation. Les tisserandes partagent désormais des aspects de leur propre vie et racontent leur propre histoire à travers leur art. Comme le fait remarquer Kavi, «à travers les tapis, le client a un aperçu de la vie de la tisserande».[69]

Les villages, les animaux, les gens et les paysages font tous partie de l'histoire artistique que les clients apprécient. Le cercle qui relie le tisserand au client et le client au tisserand rapporte des dividendes inestimables de bonheur.

---

[67] https://www.youtube.com/watch?v=EAAGyCjsUWk
[68] https://www.bain.com/insights/ jaipur-rugs-selling-a-familys-blessing-fm-blog2/
[69] https://www.youtube.com/watch?v=jPEY1KRYf3E

L'humble leadership de NKC a inspiré tous les membres de sa famille à le rejoindre dans sa mission. L'aimable et gracieuse partenaire de vie de NKC, Smt. Sulochana Chaudhary, supervise les opérations quotidiennes de Jaipur Rugs. En plus de sa fille Kavi, ses filles Asha et Archana dirigent Jaipur Living, Inc. à Atlanta, tandis que ses fils Yogesh et Nitesh participent à la gestion de l'entreprise à Jaipur. Le sentiment familial s'étend bien au-delà de la famille immédiate de NKC. Il considère que chaque membre de Jaipur Rugs fait partie d'une belle famille élargie. Et il les aime tous, une main-d'œuvre qui compte aujourd'hui quarante mille personnes.

Comme NKC l'a dit à Bain & Company : «La [stratégie] d'insurrection est simple : nous voulons relier l'histoire de nos artisans et de leur art au désir de nos consommateurs de bénir leurs sols et leurs murs avec un beau tapis. Nos consommateurs exigent l'authenticité et la gentillesse. Ils veulent savoir que lorsqu'ils achètent de l'art, l'artisan est récompensé et respecté.».[70]

L'idée de NKC était et reste d'améliorer les vies par le biais de l'autonomisation personnelle, économique, éducative et sociale, plutôt que de se contenter de faire la charité.[71]

Comme il me l'a dit lors d'une récente visite : «Les tisserandes ont une vie meilleure. Elles peuvent désormais assurer l'éducation de leurs enfants, permettre à leurs maris de quitter le village pour travailler, et améliorer leurs communautés». Son objectif commercial est le développement personnel, l'autodétermination économique et la prospérité pour tous. À travers tout cela, il reste humble : «Je ne dis jamais que j'ai fait du bien aux tisserandes. C'est tout le contraire : Elles m'ont fait du bien».[72]

---

[70] Ibid.

[71] https://www.nkchaudhary.com/healing/
what-is-social-responsibility-in-business/

[72] http://www.forbesindia.com/article/social-impact-special-2017/
jaipur-rugs-nand-kishore-chaudhary-a-rugs-to-riches-story/49135/1,
Jaipur Rugs' Nand Kishore Chaudhary: A rugs to Riches Story, BY
ANSHUL DHAMIJA

Cela ressemble à la quintessence de l'esprit d'entreprise social.

Un système ERP sophistiqué et des processus de conception informatisés fusionnent la haute et la basse technologie (7 000 métiers à tisser) pour faciliter la grandeur artistique. Le respect des normes 8000 de Social Accountability International en matière de lieu de travail et de droits de l'homme a fait de Jaipur Rugs une entreprise éthique de confiance.[73]

Pour NKC et ses enfants, il s'agit maintenant de doubler les salaires des artisans et d'augmenter le nombre d'emplois.[74]

Les conférences de NKC à Wharton, à la Ross School of Business de l'Université du Michigan et à TEDx, ainsi que les visites de l'INSEAD et de l'IMD, commencent à faire connaître cette entreprise extraordinaire.

Mais NKC n'a pas encore fini, loin s'en faut.

Au fur et à mesure que l'entreprise se développait, NKC s'est retrouvé accaparé par la gestion d'une entreprise internationale, ne passant pas autant de temps qu'il le souhaitait sur le terrain, et perdant le contact avec les personnes qu'il aimait - les tisserandes. Il a lancé une série d'initiatives pour revenir à son amour originel : des initiatives en matière d'éducation, d'alphabétisation, de coaching, de mentorat, d'engagement - et d'autogestion organisationnelle. Alors que NKC passait du temps à renouer avec les tisserandes, de vastes opportunités sont apparues. Il s'est rendu compte que, comme l'a fait remarquer Sanjay Singh, le directeur de Jaipur Rugs, «elles ne sont pas seulement des tisserandes. Elles ont de merveilleuses qualités en elles. Certaines d'entre elles sont de merveilleuses mobilisatrices, contrôleuses de qualité, professeures.»[75]

---

[73] https://d11j8byc3zh5tl.cloudfront.net/main/web-content/media/articles/forbes-india-635675587944097632.pdf

[74] http://www.forbesindia.com/article/social-impact-special-2017/jaipur-rugs-nand-kishore-chaudhary-a-rugs-to-riches-story/49135/1 Jaipur Rugs' Nand Kishore Chaudhary: A rugs to riches story, BY ANSHUL DHAMIJA

[75] https://www.youtube.com/watch?v=jPEY1KRYf3E

La grande expérience de NKC pourrait-elle être la clé de la mise en œuvre de l'autogestion à grande échelle ?

J'ai eu le privilège de visiter l'un de ces villages et d'entendre les dirigeants responsables de la transformation, ainsi que les tisserandes qui en sont à l'origine.

Si l'autogestion a un sens, c'est celui du respect de la voix de chacun des membres d'une organisation. NKC incarne une croyance profonde dans la dignité de chaque individu dans son parcours d'autogestion. Il a créé une étonnante communauté de tisserandes en faisant fi du système rigide des castes en Inde, ne croyant pas que les êtres humains devraient être «intouchables». Il estime que les gens ne doivent pas être jugés par leur caste, mais par leurs propres actes. Il trouve la beauté partout où il va, chez tous ceux qu'il rencontre, dans tout ce qu'il voit.

Lorsque j'ai visité un village avec NKC, sa fille Kavi et le responsable des RH Amit Kumar Agarwal, les tisserandes se sont présentées comme un témoignage vivant de la puissance de la vision autogestionnaire de NKC. Le responsable de la qualité, Harfool, nous a parlé de l'importance d'écouter les tisserandes, de leur enseigner avec patience et gentillesse, et de les aider à améliorer leur vie. Nous avons entendu Swati, qui accompagne et encadre les tisserandes dans leurs nouveaux rôles de leaders autogérées et d'innovatrices, impliquées dans le développement et la conception de produits. Et nous avons entendu les tisserandes elles-mêmes, qui gagnent en dignité, en estime de soi et en avenir dans leur nouvel écosystème autogéré.

Le mouvement répétitif de base : écouter ouvertement, enseigner, encadrer et libérer apporte maintenant une dignité autogérée à des milliers de personnes en Inde rurale - et rapporte des dividendes à Jaipur Rugs. La déclaration de NKC à mon intention concernant le pouvoir de l'autogestion, même chez les personnes de la classe «intouchable» : «Ne me dites pas que ces gens ne peuvent pas se gérer eux-mêmes. Ils ont déjà appris à survivre.»

Même s'il libère le potentiel humain illimité des tisserandes, NKC est confronté à un nouveau défi : comment développer une profonde humilité et une appréciation des autres parmi les professionnels ins-truits qu'il a embauchés pour gérer l'entreprise en pleine croissance.

Sa philosophie de vie consiste à se trouver en se perdant soi-même,[76] c'est-à-dire en devenant désintéressé, en perdant l'attachement à son ego et en embrassant la simplicité et l'amour. Comment peut-il ame-ner ses gestionnaires professionnels à s'abandonner à un objectif plus grand qu'eux-mêmes ? Ce défi représente la prochaine frontière de l'autogestion organisationnelle de Jaipur Rugs et de son remarquable fondateur.

Khalil Gibran a dit que le travail est l'amour rendu visible.

James Allen, dans un blog de Bain & Company intitulé Jaipur Rugs : Selling a Family's Blessing Blessing,[77] a raconté une histoire prémonitoire sur les jours d'université de NKC :

Le professeur demandait quel était le but de l'entreprise. Un par un, les étudiants ont levé la main pour donner leur avis, et vous pou-vez imaginer les réponses : création de valeur pour les actionnaires, servir les clients, battre la concurrence, etc. M. Chaudhary a levé la main pour prendre la parole et a déclaré à la classe : «Les affaires sont proches de l'amour. C'est le créateur et le conservateur d'une civilisation». Son professeur a déclaré à la classe : «Ceci, mesdames et messieurs, est un entrepreneur qui a réussi.»

«Je les aime tellement» - NKC, parlant de sa relation avec les tisserandes Jaipur Rugs est une entreprise mondiale entière construite sur l'amour, un nœud à la fois, avec le rêve d'un fondateur visionnaire pour un avenir autogéré clairement en vue.

---

[76] https://www.nkchaudhary.com/founders-mentality/how-to-stay-motivated-and-gain-success-consciousness/

[77] https://www.bain.com/insights/jaipur-rugs-selling-a-familys-blessing-fm-blog2/

ANNEXE

Mission de Morning Star

Notre mission

Notre mission est de fabriquer des produits à base de tomate qui répondent constamment aux attentes de nos clients en matière de produits et de services, de manière rentable et respectueuse de l'environnement. Nous fournirons des produits emballés en vrac aux transformateurs alimentaires et des produits finis portant la marque du client aux services alimentaires et au commerce de détail.

Nous utiliserons les technologies de fabrication de produits à base de tomate les plus appropriées disponibles, correctement assemblées dans de nouvelles usines pour tirer parti de leurs forces et économies individuelles. Nous associerons de manière créative le talent humain et les technologies afin de répondre en permanence aux attentes des clients en matière de qualité des produits et de réduire les coûts d'exploitation (conservation des ressources). Nous concentrerons et développerons nos talents pour des opérations de coordination des personnes, 24 heures sur 24, en utilisant des technologies de transport et de pompage des matériaux, de structure, de moteur, d'électricité, d'automatisation, de génération de vapeur, de transfert de chaleur, d'asepsie, de fluides, de formulation et de conservation des aliments.

Vision de Morning Star

Notre vision

Être un acteur de la médaille d'or olympique dans l'industrie des produits à base de tomate. Développer et mettre en œuvre des systèmes supérieurs d'organisation des talents et des efforts des individus pour atteindre une productivité et un bonheur personnel manifestement supérieurs. Développer et mettre en œuvre une technologie supérieure et des systèmes de production qui augmentent de manière significative et démontrable l'utilisation efficace des ressources qui répondent aux exigences des clients. Offrir la possibilité de mener des vies plus harmonieuses et plus prospères, en apportant du bonheur à nous-mêmes et aux personnes que nous servons.

Auto-gestion des collègues

Pour que les collègues de Morning Star soient des professionnels autogérés, initiant la communication et la coordination de leurs activités avec leurs collègues, les clients, les fournisseurs et les autres acteurs du secteur, en l'absence de directives des autres. Les collègues doivent trouver de la joie et de l'enthousiasme en utilisant leurs talents uniques et en les intégrant dans des activités qui complètent et renforcent celles des autres collègues. Pour que les collègues prennent des responsabilités personnelles et se tiennent responsables de la réalisation de notre mission et de l'évolution du jeu de la tomate.

Clarté de la vision

Pour que les collègues de Morning Star développent une vision claire des résultats parfaits et de la manière dont leur mission commerciale personnelle est liée à la satisfaction des exigences de nos clients en matière de produits à base de tomate. Atteindre une efficacité manifestement supérieure dans l'utilisation des ressources environnementales pour créer nos produits. Mesurer et présenter nos performances dans

le contexte de résultats parfaits et utiliser cette vision pour guider notre prise de décision et nos actions.

Au-delà de l'autonomisation

Avancement créatif de la technologie

Pour les collègues de Morning Star, développer des avancées technologiques significatives et créatives dans les méthodes de production de tomates. Ce n'est que lorsque nous aurons atteint cet objectif que nous consacrerons des ressources supplémentaires importantes pour développer la production ou fabriquer des produits différents.

Valeurs

Travailler avec nos collègues, nos clients, nos fournisseurs et les acteurs de l'industrie dans un cadre d'intégrité et d'ouverture solide, dans le but d'établir des transactions et des relations volontaires et mutuellement bénéfiques. Maintenir nos installations dans un état propre et ordonné, avec un aspect agréable.

Principes des collègues de Morning Star

Afin d'encourager, d'atteindre et de maintenir une atmosphère de haute intégrité, de confiance, de compétence et d'harmonie entre tous les collègues, clients et fournisseurs, chaque collègue de Morning Star s'engage à ce qui suit :

1. **Mission**. Notre mission est de produire des produits à base de tomate qui répondent constamment aux attentes de nos clients en termes de produits et de services, de manière rentable et respectueuse de l'environnement. Nous fournirons des produits emballés en vrac aux transformateurs alimentaires et des produits finis à la marque du client aux services alimentaires et au commerce de détail.

2. **Objectifs individuels et travail d'équipe**. Nous acceptons par la présente de nous engager dans la poursuite de la perfection en ce qui concerne notre intégrité, notre compétence et notre responsabilité individuelle. En reconnaissance de l'objectif personnel de chaque collègue d'atteindre le bonheur, chacun d'entre nous s'engage à poursuivre le travail d'équipe parce qu'**ensemble on accomplit plus.**

3. **Responsabilité personnelle et initiative**. Nous acceptons d'assumer l'entière responsabilité de nos actions, de celles de nos collègues et de notre mission globale. Nous sommes personnellement responsables de notre formation, de notre emploi du temps, de nos performances, de notre participation et de notre contribution à la réalisation de la mission et à la mise en pratique des principes. Nous nous engageons à nous gérer nous-mêmes, à être principalement responsables des fonctions de planification, d'organisation, de dotation en personnel, de direction et de contrôle en ce qui concerne notre mission. Nous prenons personnellement l'initiative de coordonner nos responsabilités et nos activités avec d'autres collègues, de développer des opportunités d'amélioration et de faire bouger les choses.

   Dans le cadre de la coordination avec nos collègues, nous nous engageons à (a) communiquer et consulter les autres parties susceptibles d'être affectées de manière significative lors de l'initiation d'un changement, quel qu'il soit, (b) solliciter la contribution d'autres personnes qui, selon nous, possèdent une expertise supplémentaire et substantielle liée à la proposition.

4. **Tolérance**. Il est entendu que les individus diffèrent à bien des égards - leurs valeurs, leurs goûts, leurs humeurs et leurs méthodes pour atteindre leurs objectifs. Il est convenu que ces types de différences entre collègues

individuels, qui n'affectent pas directement notre mission, seront respectés et tolérés.

5. **Communication directe et obtention d'un accord.** Les différences entre les êtres humains sont un aspect naturel et nécessaire de la vie, en particulier dans la poursuite de l'excellence. Les différences peuvent porter sur la façon de répondre au téléphone, le type d'huile à utiliser dans une boîte de vitesses, l'équipement à acheter pour améliorer les opérations, la question de savoir si l'on suit nos principes ou si l'on fait progresser notre mission, ou encore la façon dont une personne se coiffe. Pour obtenir un accord et aller de l'avant, nous convenons d'utiliser le processus suivant :

- Lorsqu'un collègue perçoit une différence avec un autre, nous acceptons de discuter en privé avec l'autre collègue dès que possible et de tenter de résoudre tout différend à notre satisfaction mutuelle. En règle générale, nous ne discutons pas de ces questions avec d'autres collègues. Toutefois, si un collègue ne se sent pas à l'aise pour discuter directement d'une question concernant un autre collègue, il doit s'adresser à un autre collègue pour discuter des solutions possibles pour résoudre le problème, en gardant à l'esprit que la confiance doit être maintenue avec le médiateur qu'il a choisi.

- Si l'un ou l'autre des collègues n'a pas l'impression que le problème a été résolu à sa satisfaction, les deux conviennent alors d'engager un autre collègue dès que possible et de tenter de résoudre tout différend à leur satisfaction mutuelle avec l'aide du troisième collègue.

- Si l'un ou l'autre des collègues n'a toujours pas l'impression que la question a été résolue à sa satisfaction, ils acceptent tous deux de faire appel à un contingent d'environ trois à dix collègues appropriés à la question. Les collègues appropriés sont ceux qui se trouvent dans l'environnement de travail concerné ou ceux qui ont une expertise pertinente pour le problème en question.

- Si le problème n'est pas résolu à la satisfaction des deux parties, un résumé du problème, la vérification que le processus des collègues pour obtenir un accord a été suivi, et les résolutions potentielles soutenues par les collègues nommés seront immédiatement préparés, signés par les deux parties et le collègue CLOU local, et transmis au président de Morning Star. Le président peut soit (a) trancher la question et fournir un résumé écrit de la décision aux deux parties ; (b) convoquer une réunion avec les deux parties et le groupe ; ou (c) désigner une personne pour trancher la question.

- Pour tenter de résoudre les différends, les éléments suivants doivent être soigneusement pris en compte : A) notre mission et tout objectif spécifique ; B) les faits, hypothèses et valeurs pertinents ; et C) la méthode utilisée pour déterminer la bonne direction. D'autres voies d'action, après accord mutuel entre les collègues concernés, sont encouragées ; cependant, chaque partie a la possibilité d'exiger que les mesures ci-dessus soient prises à sa demande.

- Lorsqu'un plan d'action a été déterminé pour les collègues de l'établissement, ou pour des collègues spécifiques, il incombe à chaque collègue de suivre ce plan d'action. Si de nouvelles informations matérielles sont disponibles, qui pourraient modifier la ligne de conduite choisie pour une question particulière, elles doivent être présentées pour examen et nouvelle décision. Jusqu'à ce qu'une nouvelle ligne d'action soit déterminée, chaque collègue accepte de suivre la ligne d'action choisie et de travailler énergiquement à la réalisation de la mission de la manière décidée.

6. **Bienveillance et partage**. Dans la mesure où les collègues se soucient d'eux-mêmes, de leurs amis et parents, des autres collègues, des fournisseurs, des clients, de l'environnement, de la mission, des principes et des installations, etc. En se souciant des autres, chaque collègue s'engage à (1) partager les informations pertinentes avec les autres, (2) prendre l'initiative de transmettre les informations qui, selon lui, peuvent être utiles aux activités d'un autre, même si elles ne sont pas demandées, et (3) répondre aux demandes respectueuses qui lui sont adressées par d'autres collègues de manière respectueuse et réactive.

7. **Faire ce qui est juste**. Vivre, parler et s'efforcer de trouver la vérité.

www.ingramcontent.com/pod-product-compliance
Lightning Source LLC
Chambersburg PA
CBHW060025210326
41520CB00009B/1002